BÁRBARA JOHNSON

Salpícame de Gozo
de Gozo
en los pozos ciegos
de la vida

EDITORIAL BETANIA

© 1994 EDITORIAL CARIBE
P.O. Box 141000
Nashville, TN 37214-1000

E-mail: caribe@editorialcaribe.com

Título en inglés: *Splashes of Joy*

Traducido por: *Erma Ducasa*

ISBN: 0-88113-225-X

8ª Impresión

Dedico este libro a Janet, mi hermana MAYOR y MÁS DELGADA, la cual cariñosamente me ha apodado «gurrumina» desde tiempos inmemoriales. Su mejor cualidad es su tierno corazón. Cuando nuestros hijos eran pequeños, Janet y yo los llevamos a un autocine para ver la película *Las aventuras de Tom Sawyer*. A ella le pareció demasiado violenta. Cuando la Tía Polly le propinó a Tom un coscorrón con su dedal por haber cometido una travesura, Janet insistió que nos fuésemos. Pero siempre me ha brindado su apoyo y a muchos otros también. Llora con facilidad (pero siempre lo hace en los momentos apropiados), y seguramente llorará al leer este extracto del ensayo titulado *«What Is a Sister?»* [¿Qué es una hermana?], por Carey Martin, el cual se aplica a ella de manera especial.

Una hermana es una de las personas más valoradas en la historia de tu vida. Juntas han vivido algunos de los momentos más especiales que dos personas puedan compartir jamás. Una hermana es una perspectiva del pasado y representa un millón de recuerdos preferidos que perdurarán por siempre. Una hermana es una fotografía que es una de tus posesiones más preciadas. Es una esquela que llega en un día especial y, cuando hay noticias que contar, es la persona a quien deseas llamar en primer lugar. Una hermana es un recordatorio de las bendiciones que provienen de una relación cercana.

Una hermana es confidente y consejera. Es una amiga querida y maravillosa, y en cierta forma es como una melliza. Es una mano dentro de la tuya; frecuentemente resulta ser la única que comprende.

¿Qué es una hermana? Es una persona tan especial que las palabras no lo pueden explicar; un ser hermoso y único. Y de muchas maneras, no existe persona a quien se ame más entrañablemente.

Contenido

Reconocimientos

Con gratitud expreso mi agradecimiento a la gran cantidad de personas que tan bondadosamente me han brindado sus historias, poemas, cartas y otros materiales que aparecen en este libro. ¡Ustedes me han provisto de algunas de las mayores salpicaduras de gozo de mi vida!

Se han realizado esfuerzos diligentes con el fin de localizar a autores y derechos de propiedad de todo el material citado en este libro. Sin embargo, a causa de recibir recortes, notas escritas a mano, boletines de iglesia, etc., de amigos y lectores de todo el mundo, a menudo no existe forma de identificar la fuente original. Muchas de las anécdotas y fragmentos utilizados en este libro son combinaciones de materiales de diferentes fuentes, y las cartas que aparecen han sido modificadas y/o combinadas a fin de proteger las identidades de los que las escribieron. Si alguno de los lectores conoce el origen exacto de los ítemes que ahora se señalan como de «Origen desconocido», apreciaría mucho que me escribiesen para poder efectuar las correcciones necesarias en impresiones futuras y así otorgar el debido reconocimiento a quien lo merezca.

Brindo un reconocimiento especial y mi sincero agradecimiento a las siguientes personas y compañías por estos materiales:

Ashleigh Brilliant por el permiso de usar Ashleigh Brilliant *Pot-*

Introducción
«Barbarita, necesito que tu gozo me salpique...»

Hace poco visité Focus on the Family [Enfoque a la familia] con el fin de grabar una entrevista radial con el Dr. James Dobson, el fundador y presidente. Mientras estábamos sentados en su oficina, conversando acerca de nuestras experiencias más recientes, tuve la sensación de que no se encontraba en uno de sus habituales estados de ánimo positivos. Había en su voz una pesadez que no era característica en él.

Sabía que el Dr. Dobson había estado colaborando en la comisión sobre pornografía del fiscal general y que por más de un año había pasado una semana cada mes viajando a varias ciudades por todos los Estados Unidos con el fin de estudiar el problema. Hasta había recibido cartas y amenazantes llamadas por teléfono debido a su participación en el programa, y era obvio que todos esos meses de estrés lo habían agotado tanto en lo físico como en lo emocional.

Al percatarme del ánimo apesadumbrado del Dr. Dobson, ofrecí regresar en otro momento. «Así efectuaremos la entrevista cuando te sientas más descansado y alerta...», le sugerí.

El Dr. Dobson simplemente me miró y dijo: «¡Barbarita, si ALGUNA VEZ he necesitado una salpicadura de tu gozo, es hoy!»

Seguimos adelante con la entrevista y salió mucho mejor de

lo que hubiésemos esperado. Más tarde reflexioné acerca de lo que él había dicho.

Me dije: «Algún día me gustaría escribir un libro que tuviese palabras refrescantes que pudiesen ayudar a otros a encontrar "salpicaduras de gozo", sin importar la situación en la que se encontrasen». Por eso, en cierto modo, le debo parte del título de este libro al Dr. Dobson, quien lanzó esa frase «salpicadura de gozo» con tanta facilidad, sin imaginarse siquiera que se convertiría en parte de un libro creado para inyectar un poco de gozo y esperanza en un mundo triste y desesperanzado.

De modo que ahora sabes de dónde provino la primera parte del título pero, ¿de dónde vino el resto? Algunos de mis amigos me dijeron que la expresión «pozos ciegos» en un título sería demasiado gráfica y escuché con atención lo que decían. Sin embargo, cuanto más seguía recibiendo informes de parte de la gente que sufre todo tipo de dolor imaginable, tanto más comprendía que ese es precisamente el lugar donde se encuentran: en alguno de los tantos pegajosos pozos ciegos.

La mayoría de nosotros podemos recordar ocasiones en las que hemos estado «en el pozo ciego»; muchos de ustedes se encuentran allí en este momento. Casi todos necesitan un baño de alegría para poder superar el desastre, limpiarse y perfumarse, refrescarse y alistarse para volver a empezar.

Durante muchos años utilicé la frase «Él me sostiene» al autografiar los libros pedidos en las conferencias o por correo. Pero, francamente, a la larga resultó agotadora por tener que retroceder y ponerle el punto a la *i* y el palito a la *t*. Ya que firmo cientos de libros, decidí que prefería una frase que fuese significativa, pero que no tuviese tantos lugares que llevasen puntos sobre las *íes* ni palitos cruzando las *tes*.

Finalmente, encontré la frase perfecta. CON GOZO lo dice todo. En la frase CON GOZO no hay ninguna letra que lleve punto ni palito, fluye fácilmente. Para mí esta frase es una pequeña «salpicadura de gozo» pues resulta ser una perfecta marca de identificación para cada libro que autografío. Qué bendición haber encontrado una pequeña frase de la que pude apropiarme. Trasmite lo que siento de forma sencilla y completa, y es la clave de mi modo de vida.

De eso se trata este libro: vivir con gozo. Quiero aportarte salpicaduras de gozo, ya sea que te sientas dentro de un pegajoso pozo ciego o sólo en un sucio pozo cenagoso que te está causando estrés y frustración. A causa de mis libros y de Ministerios Espátula, me llegan comentarios y reacciones de la gente que luego se convierten en salpicaduras de gozo para mí. Una querida mujer me escribió esta dulce nota:

> *Dios te usa como un antiséptico sobre una herida para traer sanidad al Cuerpo de Cristo.*
> *Gracias* ♡

Otra buena amiga escribió para decir que muchas personas tienen la esperanza de escuchar palabras de aliento al «...buscar una forma de salir del túnel de la desesperación, del pantano del desaliento, de la ciénaga del pánico, de la arena movediza de la desesperanza... y de otros sitios parecidos. Dios te está usando para ayudarlas a atravesar las dificultades».

Cartas como esa me devuelven salpicaduras de gozo, al igual que los comentarios hechos por mujeres después de haberme escuchado como oradora en un retiro. Nos reunimos en un círculo luego de pasar tres días impartiéndoles todo lo que sé (en realidad me lleva menos de tres días, pero lo repito bastante). Después les doy la oportunidad de hablar acerca de lo que sienten. Casi todas tienen algo que decir y les resulta difícil esperar que sea su turno. En esas ocasiones las salpicaduras de gozo se vuelven pequeñas marejadas que me bañan mientras me viene a la memoria Proverbios 11.25: el que riega será también regado (Biblia de las Américas).

De modo que supongo que estoy escribiendo este libro tanto para mi bien como para el tuyo. Ambos necesitamos salpicaduras de gozo, ¡vayamos pues a encontrarlas!

Con gozo,
Bárbara Johnson

¡Sonríe! Te ayuda a matar tiempo entre desastre y desastre

La vida es lo que tú haces que sea,
hasta que aparece algo que la empeora.

Al abrir el paquete, debí haber sabido que AQUELLAS pantimedias serían «diferentes». Pero por algún motivo no entré en sospechas, aun cuando las había recibido envueltas para regalo justo antes del Día de los Inocentes, como obsequio de una amiga que trabajaba en la tienda de novedades de Knott's Berry Farm [un parque de diversiones]. Cuando las saqué de la caja, su aspecto era como el de cualquier otra pantimedia y pensé: *Qué lindo gesto el de Alice, al enviarme estas medias. Nunca está demás otro par.*

Dos días después, el 1 de abril [Día de los Inocentes en los EE. UU.], decidí ponerme las medias nuevas para ir a hablar ante un grupo grande de mujeres en un almuerzo en una iglesia. Al ponerme esa mañana las medias, supongo que debí haberme dado cuenta de que sucedía algo extraño pues ¡me llegaban hasta las AXILAS! Hasta Bill comentó: «¿Qué te pusiste? ¡Parece un SARONG!»*

Pasé por alto el franco comentario de mi esposo y rápida-

---

* Falda envolvente que se utiliza en Malasia.

mente terminé de vestirme. *Resulta obvio que Alice compró una talla equivocada*, me dije, pero ya no puedo hacer nada al respecto pues no dispongo de tiempo para cambiarme... Debo estar en la iglesia en veinte minutos...

El programa transcurrió sin contratiempos pero al ponerme de pie para hablar, sentí que algo comenzaba a treparse por mi cuerpo. Mi vestido tenía un escote en V y, al mirar hacia abajo, ¡me horrorizó ver que algo marrón iba asomándose lentamente por encima del escote! El objeto marrón seguía avanzando y al cabo de un rato parecía ser una especie de bufanda que me rodeaba el cuello. Entonces comprendí lo que estaba sucediendo. Las medias que me había obsequiado Alice estaban confeccionadas de algún material que se estiraba muchísimo. (¡Luego me enteré que eran ciento por ciento SPANDEX!) Mis medias nuevas habían empezado a «extenderse hacia el norte...», ¡hacia arriba cubriéndome la cabeza! ¡Podría haberlas sujetado formando un moño sobre mi cabeza!

¿Qué debía hacer? No había manera de meterlas hacia dentro del vestido sin que hiciesen aparecer un gran bulto en un lugar inapropiado. Además estaba frente a quinientas mujeres, sin privacidad para hacer nada. Decidí hacer un alto y contar a la multitud que tengo una amiga que sabe que me encanta el primer día de cada mes... en especial el 1 de abril. Ella debe haber pensado que sería muy divertido obsequiarme un par de pantimedias «fuera de lo común», ¡de la variedad que podía trepar hasta rodearme el cuello!

Cuando las mujeres comprendieron que mi problema era causado por mis medias y no por un extraño tumor producido por esporas del espacio, todas comenzaron a reírse y a disfrutar de mi momento embarazoso junto conmigo. No son muchos los oradores que tienen oportunidad de finalizar su presentación con una bufanda marrón que les aparece mágicamente por el escote del vestido. Era la primera vez que le sucedía eso a mi público, y DEFINITIVAMENTE era la primera vez que me ocurría a mí. Pero todas pasamos un buen rato porque decidí no dejarme aturdir. En cambio, me resultó divertido encontrarle el lado positivo a una situación negativa.

Cuando uno observa todo el dolor y los problemas del mundo, las medias trepadoras no parecen ocupar 7,2° en la

escala Richter del sufrimiento humano. Sin embargo, sirven para ilustrar el hecho de que la alegría y la risa son contagiosas y hasta terapéuticas, en especial cuando las cosas no marchan como debieran. La acogida abrumadora recibida por un libro que escribí recientemente *So, Stick a Geranium in Your Hat and Be Happy* [Ponte un geranio en el sombrero y sé feliz] resulta difícil de explicar, a no ser que se tenga en cuenta la tremenda necesidad que tienen muchos de recibir algún tipo de alivio, algo que provoque una sonrisa o una risa a una vida que, al decir de una carta, «en la actualidad carece de chispas».

Los siguientes párrafos brindan una mirada a mi casilla de correo, que es la pista de aterrizaje de varias docenas de cartas por día, casi siempre de mujeres que se encuentran dentro de resbaladizos pozos ciegos de la vida o acaban de salir de uno de ellos. El dolor tiene MUCHOS rostros y la cura universal es la risa, no porque intentemos hacer una negación de la verdad, sino porque hemos aprendido a enfrentarnos a ella, absorberla y mantener la sonrisa al pasar por la dificultad.

Desde Nueva York:

Cómo me gustaría poder conocerte en persona y hablar contigo. En ocasiones siento que nadie comprende mi dolor.

Mi esposo y yo perdimos dos hijos. Donna, una hermosa joven, se volcó a una vida de prostitución y en noviembre de 1984 fue asesinada a la edad de 22 años. No pudimos verla dentro de su ataúd: estaba sellado cuando lo enviaron a casa.

Unos meses después, Jerry, de 27 años, contrajo SIDA por causa de su estilo de vida homosexual y a la edad de 28 años se fue con Jesús... Cuando murieron nuestros hijos, todos nos decían que nos regocijáramos. Intentamos hacerlo y en el ínterin negué la realidad de mi angustia y ahora no puedo llorar, de modo que la única emoción que me surge es enojo... Estoy tan tensa en este momento que me siento como olla de presión a punto de estallar. Paso mucho tiempo con el Señor en oración... el único momento en el que siento algún alivio a mi terrible ansiedad...

Por favor, ora por mí. Soy un desastre que aguarda que Dios la convierta en algo hermoso. Él verdaderamente es la Roca que está por encima de mí y continuamente corro hacia Él, a veces rogando que me conceda fortaleza para poder llegar al siguiente momento...

Desde Colorado:

La semana pasada me enteré que mi hijo es portador del virus del SIDA y este invierno ha pasado mucho tiempo enfermo. Me llamó el domingo pasado. Sólo Dios conoce mi dolor y el temor de mi hijo.

En este momento no me siento capaz de aferrarme a Dios, de modo que estoy permitiendo que Dios me sostenga a mí, a mi hijo y a mi esposo...

Desde California:

Sólo ha pasado un año desde que se accidentó mi hija en una zambullida y se fue para estar con el Señor. Aún la extrañamos muchísimo, pero el saber dónde se encuentra hace que sea más llevadero...

Desde Alabama:

Hace cuatro años que mi vida se desmoronó. Gozábamos

de una vida maravillosa, próspera, un hijo, una hija, un hogar hermoso, salud, etc. Nuestra hija nos anunció su lesbianismo al iniciar su último año de secundaria.

Nueve meses después, mi esposo nos dejó a mí y a mi hijo sin una palabra de aviso previo (luego de 22 años juntos). Descubrí que me engañaba con una compañera de trabajo...

Pero mi fe en Dios nunca ha sido más fuerte... ¡y aún conservo mi sentido del humor! Sé que Dios está en control, aun cuando mi vida parece estar tan fuera de control.

Desde Oregón:

Es la mañana de Navidad con toda la nieve y la maravillosa música que acompaña a esta feliz temporada. Acabo de leer tu libro por enésima vez y al escribir esta carta estoy sonriendo.

No sonrío con frecuencia, pero estoy aprendiendo a reír nuevamente. Pues verás, mi hermana Jean murió de cáncer, mi muy amado esposo se pegó un tiro en nuestro cuarto, mi padre murió de cáncer, me quedé sin trabajo después de muchos años, y finalmente en julio del año pasado me chocaron de atrás en un accidente automovilístico. Aún no puedo trabajar a tiempo completo, pero he vuelto a la escuela.

En medio de la noche me despierto con tal sensación de desolación, temor, que me surge un sentimiento puramente personal que dice: ¿POR QUÉ? A través de todo esto creo que verdaderamente he vuelto a encontrar a Dios. También sé en mi corazón que Él me ha preparado cosas maravillosas. Simplemente debo encontrar la fe necesaria para poder esperar hasta que esté listo para mostrarme la senda que deba seguir.

Desde Nevada:

Hace un año que perdí a mi hijo de 21 años, el cual se suicidó. Verdaderamente ha sido un año perdido para mí y para mi familia. Una amiga recientemente me hizo llegar una copia de tu libro, *Stick a Geranium in Your Hat and Be Happy* [Ponte un geranio en el sombrero y sé feliz]. El libro me ayudó de muchas maneras. Quería que lo supieras. También pienso que será de ayuda para algunos de los miembros de mi grupo de apoyo.

Desde Missouri:

A pesar de no haber experimentado ninguna de las pérdidas y angustias devastadoras por las que has pasado, he sufrido las mías: mi divorcio luego de 19 años de lo que pensé era un buen matrimonio; la convivencia de mi hija mayor con su novio, su casamiento con él y, ahora, al cabo de cuatro años y medio, su divorcio; el embarazo de mi otra hija a la edad de 17 años, su casamiento, el nacimiento de su hermoso hijo, su divorcio y recasamiento. Y todo esto en un lapso de menos de un año. Pero lo bello de toda esta situación es que Dios estuvo conmigo a través de cada experiencia vivida. No sólo compartió mis cargas, sino que también envió a otros para ayudarme a sobrellevar las cargas y el dolor.

¡¡¡EL DOLOR ES INEVITABLE, PERO *LA DESDICHA ES OPCIONAL*!!! Nuevamente gracias.

Cómo hallar gozo en medio de la desdicha

Estos extractos de mi correspondencia sólo son la punta de un témpano infinitamente mayor que el que hundió al Titanic. Tengo tal cantidad de cartas de este estilo que podría llenar este libro y varios más como este. Miles deseamos saber cómo encontrar unas salpicaduras de gozo y, a la larga, cómo salir del pozo ciego y volver a sitios más felices.

He estado allí en el tenebroso, húmedo y solitario pozo ciego, y de alguna manera, con la ayuda amorosa de Dios, he logrado salir fuera de él. Aun así, rara vez pasa un día sin que me venga a la memoria ese pozo ciego; en ocasiones encuentro que estoy haciendo equilibrio en el borde, a punto de volver a caer dentro de él. No dispongo de pastillas ni de fórmulas mágicas, pero el HALLAR GOZO EN MEDIO DE LA DESDICHA es lo que siempre me da resultado y sé que también puede resultar para ti.

GoodLife

Buckoff

Remoción de escombros de la mente

A través de los años he aprendido ciertas estrategias para encontrar salpicaduras de gozo cuando la vida se convierte en un pozo ciego. En realidad, *estrategias* no es la palabra más adecuada. Le dejo los asuntos técnicos a mi esposo, Bill, el ingeniero de la familia. Prefiero hablar de mis *maneras de vivir*. Son cosas sencillas que me dan resultado, y que están ligadas a uno de mis versículos favoritos:

> [...] todo lo que es verdadero, todo lo honesto, todo lo justo, todo lo puro, todo lo amable, todo lo que es de buen nombre;
> si hay virtud alguna, si algo digno de alabanza, en esto pensad.
>
> Filipenses 4.8

Denomino a Filipenses 4.8 mi «servicio de remoción de escombros». Es el versículo que uso para quitar de mi mente la basura y deshacerme de chatarra inservible, putrefacta y nociva, para poder reemplazarla con cosas nutritivas, frescas y saludables. Mucho se ha escrito con respecto al «pensamiento positivo», pero Pablo se anticipó a todos dos mil años atrás al escribir Filipenses 4.8 estando en prisión, encadenado a un guardia romano mientras aguardaba su ejecución.

En un sitio AUSENTE DE GOZO, viviendo circunstancias AUSENTES DE GOZO, Pablo tenía PLENITUD DE GOZO porque sabía que lo que marca la diferencia entre las salpicaduras de gozo y el pozo ciego a menudo depende de cómo decides interpretar las cosas que te suceden y las que ocurren a tu alrededor.

Hace poco comencé a notar cómo los productos de limpieza que utilizo sugieren la importancia de la actitud de uno. Por ejemplo: Me gusta usar detergente para la ropa FRESH START [NUEVO COMIENZO] porque me recuerda que los cristianos tienen la posibilidad de un nuevo comienzo. En 1 Juan 1.9 se nos promete que si confesamos nuestros pecados somos limpiados de toda maldad. Eso significa que el pasado es un cheque cancelado, el mañana es un pagaré y el hoy es el EFECTIVO. Por las mañanas oro diciendo: «Gracias, Señor, por un día nuevo que aún no ha sido arruinado, un nuevo comienzo. Gracias por un día completo, pleno de cosas emocionantes... nuevas experiencias... nuevos desafíos».

También uso detergente JOY [GOZO] para lavar mi vajilla, y mientras aspiro el «aroma fresco de limón», me gusta aún más la idea de encontrar gozo en los nuevos comienzos. El gozo es la tierra de los nuevos comienzos para todos los cristianos. El gozo es que Dios viva en la médula de nuestros huesos. La felicidad depende de lo que sucede en derredor nuestro, pero el gozo brota desde la profundidad de nuestro ser debido a lo que Dios hace por nosotros. La felicidad es difícil de encontrar y puede ser destruida en un segundo, pero el gozo constante del Señor se asemeja a un profundo río en tu corazón que no deja de fluir.

El reflexionar acerca de esos dos productos me ayudó tanto que comencé a coleccionar cada vez más nombres, tales como ZEST [VIGOR], CHEER [ALEGRÍA], GLAD [FELIZ] y PRAISE [ALABANZA], que sólo son unos pocos de las varias docenas que encontré.

En alguna parte escuché que la mujer promedio pasa catorce años de su vida realizando quehaceres domésticos. Su esposo puede jubilarse, pero la mujer típica sigue trabajando: fregando, lustrando y utilizando muchos de los productos mencionados anteriormente. Me puse a pensar en todo el tiempo que pasamos limpiando y me pregunté si habría algún modo de hacer que ese tiempo resultase más productivo. ¿Qué podemos hacer con esos catorce años que pasamos con las manos metidas en el agua, nuestras cabezas en los inodoros y nuestras mentes quién sabe dónde? Con seguridad debe haber algún modo de alejar nuestras mentes de la suciedad, la herrumbre y las manchas, y centrarlas en lo que es bueno, puro y agradable.

Para aprender versículos bíblicos con facilidad

Una de las mejores formas de encarar las tareas domésticas y hacer que resulten más inspiradoras proviene de mi amada nuera, Shannon, que está casada con mi hijo, Barney. Ella escribe a máquina versículos bíblicos que se relacionan con el nombre del producto que está utilizando (por ejemplo, versículos acerca de JOY [GOZO]) y luego los adhiere a la parte posterior de la botella. Cuando usa la cera GLORY [GLORIA] para pisos, escribe los versículos sobre gloria y los pega a la parte posterior del envase. Hace esto con todo tipo de productos, luego memoriza los versículos al realizar sus quehaceres domésticos. Cuando los mismos han sido memorizados, los quita de los diversos envases y los reemplaza por otros que se aplican al mismo producto.

Es sorprendente la cantidad de versículos que vienen a la mente cuando pensamos en palabras como PRAISE [ALABANZA], SHOUT [CLAMA], BEHOLD [CONTEMPLA], etc. En ocasiones los versículos parecen saltarnos a la vista y, sin darnos cuenta, comenzamos a llevar cautivos todos nuestros pensamientos, tal como dice 2 Corintios 10.5.

¡Cuánta falta nos hacen el equilibrio y el control que pueden ser aportados a nuestras vidas por medio de una reserva de Escrituras! Solía cantar un coro en la Escuela Dominical: «Tu Santa Palabra, Señor, en mi corazón guardaré y así no pecar... y así no pecar... y así no pecar contra ti». Aprendí esa canción cuando tenía unos seis años y esas palabras (del Salmo 119.11) aún están claramente grabadas en mi memoria.

Durante mi época de crecimiento había una pequeña placa de cartón que colgaba de la pared de nuestro comedor. Tenía letras azules y doradas que decían: «Sean gratos los dichos de mi boca y la meditación de mi corazón delante de ti, Oh Jehová, roca mía, y redentor mío (Salmo 19.14). Ese cartel es una imagen fija en mi video de memorias y aún puedo ver las palabras, las cuales forman parte de mi depósito de Escrituras.

Sabemos que las Escrituras DEBERÍAN ser memorizadas, pero resulta difícil hallar el tiempo necesario para hacerlo. Poner versículos en la parte de atrás de productos de uso doméstico es un modo sencillo y fácil para lograr que nuestras tareas sean menos aburridas y al mismo tiempo llenamos nuestras mentes de pensamientos edificantes que provienen de Dios. Le da resultado a Shannon y me da resultado a mí. Ahora he desarrollado el hábito de estar atenta para descubrir versículos que puedan ser traídos a la memoria por los productos que uso.

Por ejemplo: Esta semana, mientras caminaba por una gran tienda local, pasé por el mostrador de los cosméticos y vi un pote de crema facial que se llamaba ETERNAL [ETERNA] e inmediatamente me vino a la memoria Juan 3.16. A su lado había unos perfumes de nombre PROMISE [PROMESA] y REMEMBRANCE [MEMORIA]. Automáticamente, comencé a pensar en versículos que acompañarían a estas fragancias. En 2 Pedro 1.4 se habla acerca de las «preciosas y grandísimas promesas» de Dios, por medio de las cuales podemos huir de la corrupción que hay en el mundo. Hay muchas promesas en las Escrituras y puedes escoger las que más te gusten. Una de mis preferidas es Romanos 8.28 y también me gusta el Salmo 34.19: «Muchas son las aflicciones del justo, pero de todas ellas le librará Jehová».

En lo que respecta a REMEMBRANCE [MEMORIA], sugiere muchos pasajes maravillosos, particularmente las palabras de Cristo al servir la primera Cena del Señor: «Esto es mi cuerpo, que por vosotros es dado; haced esto en memoria de mí» (Lucas 22.19). Y en Juan 14.26 Jesús habló acerca del Espíritu Santo, de cómo enseñaría a sus discípulos todas las cosas y «os recordará todo lo que yo os he dicho».

Después de ver el producto llamado PROMISE [PROMESA] en un mostrador de cosméticos, recordé que también es el nombre de una margarina. De modo que, sea que estés en una tienda o en un supermercado, todo tipo de nombres de marcas pueden saltarte a la vista para recordarte que fijes tus pensamientos en lo que es verdadero, bueno, justo y amable. ¿Existe mejor manera para lograr esto que memorizando la Palabra de Dios mientras limpiamos, fregamos y hacemos las compras?

Cada mañana te enfrentas a una decisión

La manera en que usamos el tiempo que Dios nos da es una decisión que tomamos cada día. Podemos vivir como si Cristo hubiera muerto ayer, resucitado hoy y viniera mañana o vivir como si Cristo hubiera muerto, punto. Podemos hacer un recuento de bendiciones o un recuento de calamidades. Enumerar bendiciones o enumerar los golpes y cargas de la vida. La decisión es nuestra.

Todos los productos FANTÁSTICOS de limpieza que hacen que la vida actual sea mucho más fácil me traen a la memoria unas instrucciones dadas hace unos cuantos años a una recién casada por una abuela de los Apalaches con respecto a cómo lavar ropa. Tal vez las quieras copiar y colocar arriba de tu lavadora y secadora automáticas. Entonces, cada vez que tengas tentación de sentir lástima de ti porque la vida no es tan perfecta, las puedes leer y recordar que la vida *siempre es una decisión*.

DÍA DE LAVADO, 1916

1. Arma una fogata en el fondo para calentar agua de lluvia.
2. Coloca las tinas de modo que el humo no se dirija a los ojos en caso de que el viento esté fuerte.
3. Desmenuza un jabón de lejía entero disolviéndolo en agua hirviendo.
4. Agrupa la ropa, forma tres pilas: 1 pila blanca, 1 pila color, 1 pila pantalones de trabajo y trapos.
5. Echa harina en agua fría para quitar grumos, luego échale agua hirviente para clarificar.
6. Frota las manchas de suciedad en la tabla fregando con vigor, luego hervir. Ropa de color, no hervir, sólo enjuagar y almidonar.
7. Sacar ropa blanca de caldera con un palo de escoba, luego enjuagar y almidonar.
8. Colgar trapos viejos sobre la cerca.
9. Extender las toallas en el césped.
10. Verter agua de enjuague en cantero de flores.
11. Fregar el zaguán con el agua caliente jabonosa.
12. Pon boca abajo las tinas.
13. Ve a ponerte un vestido limpio, péinate con las peinetas, prepárate una taza de té, siéntate a descansar un rato y haz un recuento de las bendiciones.

Me gusta su consejo. Lo que me comunican sus palabras es que debes tomar algunas decisiones antes de poder hacer un recuento de las bendiciones. La poesía que sigue es de una carta circular informativa de una iglesia en Wichita, Kansas. No tengo idea de quién es el autor, pero quien lo haya hecho conocía el poder de la actitud.

ESCOGEMOS...

Escogemos cómo hemos de vivir;
valientemente o en cobardía,
honradamente o deshonrosamente,
con propósito o a la deriva.
Decidimos lo que es importante
y lo que es trivial en la vida.
Decidimos que lo que hace que seamos
        importantes
es lo que realizamos o nos negamos a realizar...
NOSOTROS DECIDIMOS.
NOSOTROS ESCOGEMOS.
Y al decidir, al escoger,
nuestras vidas son formadas...

«Pero Barbarita», me pregunta la gente, «¿cómo puedo decidir ser positivo cuando la vida es tan negativa?» Recuerda Filipenses 4.8. Tendrás gozo si quieres pensar de esa manera. O tendrás tristeza y depresión si eso es lo que eliges. Como dijo alguien:

UN OPTIMISTA VE UNA OSTRA
Y ESPERA HALLAR UNA PERLA.
UN PESIMISTA VE UNA OSTRA
Y PIENSA QUE SE INTOXICARÁ.

Últimamente, el pesimismo parece estar de moda. Con la cantidad de malas noticias que pueden ser sintonizadas entre las 4:00 y las 11:00 p.m., la gente puede pensar que te has vuelto loco si eres optimista. Sin embargo, de acuerdo con algunos sicólogos, la verdad es que el optimismo es una forma de vida mucho más efectiva. Uno de los mejores usos que se da al optimismo es el de combatir la depresión, esa sensación abrumadora de desamparo y desesperanza que nos sobreviene al experimentar una pérdida, un fracaso o una gran desilusión. Me encanta el cartel que dice:

UN PESIMISTA ES ALGUIEN QUE SE SIENTE MAL
CUANDO SE SIENTE BIEN
POR TEMOR A SENTIRSE PEOR
CUANDO SE SIENTA MEJOR.

Por otro lado, el optimismo ayuda a producir un giro en la vida. Los expertos dicen que los optimistas tienen mayores logros en la vida, disfrutan de mejor salud, envejecen más cómodamente y viven más tiempo que los pesimistas. Me gusta eso, especialmente la parte que dice «envejecen más cómodamente».[1]

Coloca tu piloto automático en posición «Optimista»

Es bueno saber que un pesimista puede aprender a ser optimista (hace años que intento decirle eso a Bill). La mejor manera de comenzar a aprender a ser optimista es cambiar el modo de pensar, especialmente las explicaciones que damos con respecto a los motivos por los que suceden las cosas y por qué la vida se despliega del modo que lo hace.

Los pesimistas tienden a pensar de manera negativa sin darse cuenta. Tal parece que están bajo alguna especie de piloto automático negativo. Un ejemplo que me encanta utilizar es la diferencia en el modo en que vemos las cosas Bill y yo, incluso el estado del tiempo. En uno de los raros y gloriosos días libres de humo que tenemos en el sur de California, dirigí mi mirada hacia el cielo azul intenso y las espumosas nubes blancas y dije: «Parece como si Dios hubiese pasado la aspiradora por el cielo».

Bill dirigió su vista hacia el mismo cielo y dijo: «Sí, pero es probable que mañana vierta el contenido de la bolsa recolectora».

Dicho de otro modo, un optimista inventaría el avión. Si Bill pudiese escoger, inventaría el paracaídas.

Sucede que el pesimista piensa que se está arriesgando mientras que el optimista siente que está frente a una gran oportunidad. Si eres del tipo que está a la espera de lluvia cuando en el cielo no puede verse nube alguna, intenta *prestar atención a tus pensamientos automáticos*. Comienza a desarrollar consciencia de las cosas negativas que dices acerca de ti, de otros y de la vida. Cuando descubras que estás hablando de manera negativa, sencillamente di BASTA. Coloca el piloto automático de tu mente en posición «optimista» y repite Filipenses 4.8 a modo de oración, de esta manera:

Señor, cuando escuche o lea rumores, chismes o mentiras, ayúdame a fijar mis pensamientos en lo que es verdadero, bueno y justo. Ayúdame a descartar lo que es negativo y sugestivo y sintonizar lo que es puro y amable.

Cuando me irrite con otros y comience a buscar faltas, ayúdame a pensar en sus virtudes. Ayúdame a olvidar sus faltas y recordar sus virtudes.

Y cuando comience a sentir lástima de mí misma, ayúdame a recordar los motivos por los que debería alabarte. Recuérdame todas las bendiciones que traes a mi vida para hacerme feliz.

Sonríe... Hace que aumente el valor de tu rostro

Las sonrisas están en todas partes si tan solo te detienes a observar. Hasta se puede encontrar una sonrisa en el modo que se embrolla el título de un libro en la mente de una persona. He obtenido unos cuantos buenos ejemplos de esto con mi último libro (yo lo llamo *Geranio* para abreviar). Por ejemplo, una mujer de California que me escuchó por la radio escribió mal el título *dos veces* en la misma carta:

Disfruté del programa que adornaste con tu don de la palabra. No leo libros, pero tal vez disfrute de «Pluma en mi sombrero» o lo que sea. Mi vida está necesitada de risa y conozco a unos cuantos más que pueden decir lo mismo...

Espero que no te moleste mi larga nota con el único fin de pedir tu libro. Llamé a la estación de radio y me dijeron que «Flor en mi sombrero» me levantaría el ánimo.

En lo que a mí respecta, no tiene importancia (plumas, flores o geranios), con tal que pueda alegrar a personas como estas.

Uno de mis poemas optimistas preferidos es este:

> La vida es más fácil de lo que piensas.
>   Lo único que debes hacer es:
>   Aceptar lo imposible,
> arreglártelas sin lo indispensable,
>   soportar lo intolerable,
>   y
> ser capaz de sonreír siempre.
>
> Origen desconocido

Ser capaz de «sonreír siempre...» esa es la clave. Sonreír no sólo ocupa el tiempo entre desastres, sino que también le hace bien a tu actitud, ¡y todos debemos esforzarnos por evitar el endurecimiento de nuestras actitudes!

El Dr. Charles Swindoll, pastor de *Evangelical Free Church* de Fullerton, California, es una de las personas más optimistas y positivas que he conocido jamás. Siempre tiene una sonrisa en los labios y ama la risa. Es un ejemplo viviente del poder de la actitud. Escribe lo siguiente:

> Cuanto más vivo, más comprendo el impacto de la actitud sobre la vida. Para mí, es más importante que los hechos. Más importante que el pasado, la educación, el dinero, las circunstancias, los fracasos, los éxitos, que lo que otros piensan o dicen o hacen. Es más importante que la apariencia, los dones o la habilidad. Tiene el poder de formar o quebrar una compañía[...] una iglesia[...] un hogar. Lo sorprendente es que podemos decidir cada día la actitud que adoptaremos para ese día. No podemos modificar nuestro pasado[...] no podemos cambiar el hecho de que la gente se comportará de cierto modo. No podemos modificar lo inevitable. Lo único que podemos hacer es tañer la única cuerda que disponemos, nuestra actitud[...].[2]

Tañe tu única cuerda del modo más optimista que puedas. Haz lo mejor, aun cuando tu situación sea de lo peor... y nunca olvides que cada día aporta la posibilidad de milagros. Tal como dijo un poeta desconocido:

NUEVO DÍA

Si al despertar ves el amanecer
que baña la tierra de rojo y oro,
mientras contemplas habrás de sentir
que se lava tu alma de este modo.
Uno se siente pleno de ilusión
al iniciar el día con tal visión.
¡Qué bondad la de Dios al regalarnos
un nuevo día envuelto en tal fulgor!

Origen desconocido

Salpicaduras...

OPTIMISMO ES TENER TRES HIJOS ADOLESCENTES
Y UN SOLO AUTO.

* * * * * *

VALORES

Con mucha frecuencia la gente se pregunta
por qué ha puesto Dios sobre la tierra
las tormentas, las lágrimas, los mares rugientes,
que todo lo que es de valor destruyen.
Pero si no fuese por el furor de los cielos,
los torrentes y el espanto,
¿cómo comprenderíamos el valor
de un día soleado y despejado?

Origen desconocido

* * * * * *

UN PESIMISTA NO TIENE ARRANCADOR,
UN OPTIMISTA NO TIENE FRENOS.

* * * * * *

A LA LARGA ES POSIBLE QUE LOS PESIMISTAS TENGAN
RAZÓN,
PERO EL OPTIMISTA LA PASA MEJOR MIENTRAS TANTO.

* * * * * *

ALEGRÍA

Si sonríes el día será alegre,
    si sonríes el día brillará.
Si tus pensamientos son buenos felicidad tendrás,
    y todo bien ha de resultar.
No permitas, pues, que te amargue el gesto ceñudo,
    ni los malos pensamientos te lleguen a entristecer.
Sólo recuerda siempre pensar positivamente,
    ¡pues tú eres responsable de cómo te sientes!

Susan L. Wiener

* * * * * *

MIRAR EL LADO POSITIVO DE LA VIDA
NUNCA TE CANSARÁ LA VISTA.

* * * * * *

La mayoría de nosotros quedamos excluidos
    de los grandes premios de la vida.
    El Pulitzer.
    El Heisman.
    Los Óscares.
Pero todos somos candidatos a recibir
    los pequeños placeres de la vida.
    Una palmada en la espalda.
    Un beso detrás de la oreja.
    Un robalo de dos kilos.
    Una luna llena.
    Un sitio libre para estacionar el auto.
    Un fuego que chisporrotea.
    Una gran comida.
    Una gloriosa puesta de sol.
Disfruta de las pequeñas delicias de la vida.
    Hay bastante para todos nosotros.

Origen desconocido

* * * * * *

FE ES PONER TODOS TUS HUEVOS EN LA CANASTA DE DIOS
Y HACER UN RECUENTO DE TUS BENDICIONES
ANTES DE QUE SALGAN DEL CASCARÓN.

* * * * * *

UNA SONRISA ES UNA ARRUGA
QUE NO DEBERÍA SER QUITADA.

* * * * * *

UNA SONRISA ES EL SISTEMA DE ILUMINACIÓN DEL
ROSTRO
Y EL SISTEMA DE CALEFACCIÓN DEL CORAZÓN.

* * * * * *

UNA SONRISA ES UNA LUZ EN LA VENTANA DE TU ROSTRO
QUE INDICA QUE TU CORAZÓN ESTÁ EN CASA.

* * * * * *

Ninguna palabra corrompida salga de vuestra boca, sino la
que sea buena para la necesaria edificación, a fin de dar gracia
a los oyentes (Efesios 4.29).

Cómo despojarte de tus agonías y apropiarte de tus credenciales

Debes enfrentarte a la realidad
antes de poder asumir responsabilidad.

Sonreír entre desastre y desastre es un buen punto de partida para la búsqueda de salpicaduras de gozo, pero la supervivencia dentro del pozo ciego, logrando a la larga salir de él, requiere de la capacidad necesaria para tratar con el dolor y la pena. Nada llega a nuestras vidas por accidente; y a pesar de lo mal que nos sentimos, no llega para permanecer... ¡sólo pasa!

Lo difícil es permanecer con vida mientras esperamos que se acabe lo que sea. Cuando el dolor y la pena hacen zozobrar la vida, pareciera en ocasiones que lo único que podemos hacer es hundirnos. A veces el dolor se presenta a través de la inalterabilidad de la muerte. A continuación presento unos pocos extractos de las muchas cartas que recibo de personas cuyas vidas han sido destruidas por la pérdida.

Hoy ha pasado un mes y una semana desde que nuestro hijo mayor, Jeff, de once años, muriera repentinamente debido a miocarditis (una enfermedad asintomática del músculo cardíaco causada por un virus). Hemos recibido un apoyo tremendo de parte de nuestra iglesia local, de vecinos y compañeros de trabajo, pero mi mundo se ha desmoronado. Mi corazón está partido en dos. Una mitad está agradecida de que él conociese al Señor... está seguro y feliz en el cielo con Jesús. Pero la mitad humana de mi corazón añora a Jeff... está mañana recorrí caminando los seis kilómetros que me separan del cementerio, de ida y regreso. Me senté junto a la tumba de Jeff y lloré, oré y recordé.

* * * * * *

El verano pasado mientras compraba un libro, vi *So, Stick a Geranium in Your Hat and Be Happy* [Ponte un geranio en el sombrero y sé feliz]. Aún estaba en estado de shock por causa del asesinato de mi hija (un período de mi vida que sigue siendo una gran nebulosa). Me dije: «¿Por qué no?», y lo compré. Esa noche lo leí y me reí, una de las pocas veces que lo he hecho desde el secuestro, tortura y asesinato de Melanie a manos de un par de idiotas que se consideraban sumos sacerdotes de una secta.

Tu dolor no era una réplica exacta del nuestro, pero el dolor de las madres es universal cuando se trata de la muerte de un hijo.

Otra madre escribió contándome que tuvo una hija que se enfermó de fibrosis quística y su estado de salud se deterioró tanto que quedó confinada a una silla de ruedas. A pesar de que esta madre y su esposo hicieron todo lo que podían a fin de brindar felicidad a la vida de su hija, murió a la edad de quince años. Decidieron intentar tener otro hijo, y al cabo de un año nació una segunda hija. Más tarde, dos años después, llegó un regalo sorpresa: una tercera niña. Entonces la montaña rusa volvió a caer en picada. «Nuestra vida andaba bien hasta marzo», escribió la madre. «Fue allí cuando el síndrome de muerte súbita golpeó a nuestra familia y perdimos a nuestra hija mientras dormía. La vida parece demasiado dura».

Cuando me llegan cartas de este tipo (y siempre están llegando) me ayudan a comprender el motivo por el que pasé mis propios pozos ciegos de dolor. Esas vivencias terribles me permitieron obtener las credenciales que ahora me habilitan para que ayude a otros a tratar con su dolor, a la vez que sigo enfrentando mis propias dificultades y los recuerdos agridulces que son como metralla alojada en lo más profundo de mi corazón.

Lo que sucede es que los recuerdos siempre están presentes, son parte permanente de nuestras vidas y, de no poder solucionarlos, continuarán causándonos dolor y pena hasta volvernos inválidos. Por este motivo es importante crear todos los buenos recuerdos posibles *mientras nos sea posible*. Entonces, cuando ocurran los hechos amargos, habrá suficientes recuerdos dulces para absorber el golpe y rodear la metralla de amor, embotándole el filo de sus bordes.

Cuando observo mis propias tragedias, me doy cuenta de que todas involucran a los hombres de mi vida: los hombres que más amo. He contado a miles de personas, personalmente y a través de la palabra impresa, acerca de cuatro de estas tragedias: el accidente devastador que casi dejó a mi esposo ciego y comatoso, como un vegetal; las muertes violentas de dos de mis cuatro hijos; y, finalmente, el descubrimiento de la homosexualidad de otro hijo.

Todo esto ocurrió a lo largo de un período de nueve años, destrozando la familia feliz que Bill y yo habíamos formado juntos. Sin embargo, creo que comencé a aprender a enfrentar el dolor y los recuerdos agridulces a temprana edad. Cuando tenía doce años, mi padre nos fue arrebatado una noche, rápida y silenciosamente, de la forma que suele suceder en los ataques cardíacos.

«Te traeré un poco de goma de mascar Black Jack»

Mi padre era pastor asociado de la iglesia *Calvary Undenominational* de Grand Rapids, Michigan, y servía junto al pastor principal, Dr. M.R. DeHaan. Nunca olvidaré la noche que papá salió para asistir a una reunión de la junta directiva de la iglesia. Aún era temprano y mi madre, mi hermana y yo estábamos escuchando el viejo programa radial, de Horace Heidt, «A Pot of Gold» [Una marmita de oro], que hacía llamadas telefónicas a los hogares a todo lo ancho de los Estados Unidos que eran seleccionados al azar de la guía telefónica. Mientras escuchábamos sentadas, esperábamos que sonase el teléfono, pensando que podría ser nuestra llamada para recibir los $ 1.000 de la marmita de oro.

Sí, llegó una llamada antes de que terminase el programa, pero el que llamaba no era Horace Heidt. Era mi papá, quien le dijo a mi madre que no se sentía muy bien, pero que se había tomado unos antiácidos y que pensaba asistir a la reunión. Después habló conmigo por el teléfono y preguntó: «¿Qué te puedo traer al regresar a casa esta noche?»

«Me gustaría un poco de goma de mascar Black Jack», respondí de inmediato.

Mi padre se rió porque sabía cuánto me gustaba esa goma de mascar. No sólo me encantaba el sabor a anís, sino que me divertía cubrirme con él los dientes [era de color negro], de modo que pareciera que me faltaban algunos.

En cierta ocasión, mientras viajaba en el automóvil con mis padres, ellos se pusieron detrás de un camión y deseaban pasarlo, pero el camionero no nos lo permitía. Parecía divertirse haciéndome bromas mientras yo lo miraba a través de la ventanilla. Como siempre, me encontraba mascando una gran bola de goma de mascar Black Jack y decidí cubrirme con él los dientes y regalarle una gran «sonrisa». Supongo que quedó tan sorprendido que decidió dejar pasar a mi padre. Mientras nos alejábamos podía ver cómo se reía de mi sonrisa negra y «desdentada».

Mi padre, sonriendo, colgó el receptor tras prometer que me traería un poco de chicle. Luego volvió a su reunión y nosotras nos pusimos nuevamente a escuchar el programa de radio.

Al finalizar el programa (una vez más no habíamos recibido la llamada de la suerte), mi hermana y yo fuimos a la cama y más tarde lo hizo también mi mamá. Alrededor de la medianoche tocaron en nuestra puerta. Era el Dr. DeHaan acompañado de un diácono de la iglesia. «Lo siento», dijo él. «¡Tu esposo sufrió un intenso dolor de pecho y eso fue todo! No pudimos hacer nada por él».

Aún puedo recordar la voz del Dr. DeHaan, desde el final del pasillo, que le decía a mi madre que papá había muerto. El resto de la noche es ahora una nebulosa en mi memoria, excepto por dos sonidos más: mi madre llamando por teléfono a los parientes y las palomas que se laméntaban arrullando en los árboles aproximadamente a las tres o cuatro de la mañana. Producían un sonido tan siniestro y solitario...

Los recuerdos seguían invadiendo

El sueño no quería presentarse esa noche. Pensé en mi papá y en cuánto me amaba. Una cosa que me venía a la mente era que cuando tenía un dolor de oído, él salía a comprar un tabaco, aunque nunca fumaba. Uno de los antiguos remedios caseros para el dolor de oído era echar humo de tabaco en el mismo, a fin de aliviar el dolor. Mi padre prácticamente se enfermaba al fumar ese tabaco y echarme el humo en el oído. Y hasta el día de hoy, cuando veo un hombre con un tabaco, recuerdo a papá tomando bocanadas mientras me sostenía y delicadamente me echaba humo en la oreja.

Tengo todo tipo de recuerdos de mi papá. Algunos de nuestros momentos más divertidos sucedieron en el auto. A menudo viajaba con él y me hacía repasar los versículos de la Biblia. Enseñaba una clase de memorización de las Escrituras los sábados por la mañana en la iglesia, y decidió que sería bueno que yo también aprendiese todos los versículos a la perfección, incluyendo sus «domicilios». De modo que fuese a donde fuese con él en el auto, me hacía ejercitar citando el versículo y luego dando la referencia.

Cuando íbamos a ver a mi abuela, la cual vivía en el campo a unos treinta y dos kilómetros de distancia, tomábamos un camino que tenía grandes hondonadas. Y enfatizo GRANDES HONDONADAS. Mi padre sabía cuánto me gustaba pasar por encima de esas hondonadas con el auto. A mi madre no le agradaba el juego en lo más mínimo, pero él me decía que me sentase en el piso junto al asiento trasero, lo cual acentuaba la sensación producida al pasar sobre las hondonadas. Transitábamos velozmente por el camino mientras yo reía y él conmigo. Al regreso lo volvíamos a hacer, hasta que ambos nos reíamos con tanta fuerza que parecíamos histéricos.

Recientemente, al regresar a Michigan, tuve ocasión de volver a recorrer ese mismo camino, pero en la actualidad es una hermosa carretera lisa, totalmente carente de ondulaciones. En mi mente, sin embargo, las hondonadas siempre estarán presentes, y siempre recordaré cómo papá invertía el tiempo necesario para pasar por encima de ellas, de ida y de vuelta, con el único fin de que nos riésemos y creásemos recuerdos que pudieran perdurar toda una vida.

Esos recuerdos cruzaban por mi mente esa noche en la que murió papá, mientras permanecía acostada en la oscuridad llorando y preguntándome lo que nos sucedería. A la mañana siguiente, luego de haber llevado el cuerpo de mi padre a la funeraria, alguien pasó por casa para traer la ropa que él llevaba puesta al morir. Dentro de su bolsillo había varios paquetes de goma de mascar Black Jack que compró... especialmente para mí.

Pusieron a papá en el porche

Cuando mi padre murió en 1940, era la costumbre traer el cuerpo a casa después de prepararlo en la funeraria y colocarlo en el féretro. Entonces venían de visita los amigos, traían comida, se sentaban y conversaban, y demostraban su cariño y preocupación antes del funeral propiamente dicho.

Teníamos en casa lo que llamábamos «porche», y recuerdo que fue en ese sitio donde colocamos a papá. Recuerdo además haber escuchado a mi madre que decía: «A papá siempre le agradó este lugar», y yo pensé, *como si tuviese alguna importancia ahora*.

Hasta ese momento nunca había visto a una persona muerta, sólo tenía doce años. No lo quería tocar ni besar. Lo único que podía hacer era observar su cuerpo frío e inmóvil. Fue mi primer encuentro con la realidad inflexible de la muerte.

Mi madre dijo que debía comprarme un vestido nuevo para el funeral, y aún me acuerdo del vestido estampado color azul marino que ella eligió para mí. Como yo había cantado mucho con mi papá en la iglesia, mamá me pidió que escogiera las canciones que se cantarían en su funeral. Elegí «Under His Wings» [Bajo sus alas] y «Constantly Abiding» [Permanece fiel], viejos himnos que a él le gustaban. Hoy en día no escucho esos himnos con frecuencia, pero en ocasiones asisto a una iglesia que usa himnarios más antiguos y los cantan. En esos momentos mi mente retrocede unos cincuenta años, pues las palabras de esas viejas canciones hacen brotar los recuerdos.

Aun ahora, al escribir acerca de la muerte de mi padre, los recuerdos siguen estando allí: metralla alojada en mi corazón. No son «recuerdos espantosos»; más bien son agridulces porque el dolor ha sido atenuado y aplacado por el tiempo. Lo que hace que sea tolerable la parte dolorosa de la memoria son los recuerdos dulces que han recubierto de amor la metralla. Es por eso que los denomino «agridulces».

Se terminó la tragedia hasta que...

A pesar de que la muerte de mi padre fue un duro golpe a nuestra familia y mi madre debió luchar durante los próximos años, crecí y terminé la secundaria y la universidad sin sufrir más tragedias. Terminé la universidad y me casé con Bill a quien conocí en una cita a ciegas. Si es verdad que los polos opuestos se atraen, queda claro que Bill y yo estábamos destinados al casamiento porque éramos, y aún somos, polos DIAMETRALMENTE opuestos.

Bill tenía un trabajo excelente en ingeniería mecánica, y Dios también nos bendijo con cuatro hijos, un hogar cómodo, una iglesia en crecimiento, una piscina, dos gatos y un perro. Los años se sucedieron salpicados de estrés normal hasta 1966, momento en el que comenzaron a suceder cosas que transformaron nuestras vidas en una pesadilla.*

La noche que partimos para un retiro organizado por nuestra iglesia en la que íbamos como consejeros para los jóvenes, Bill había salido antes que yo, llevando la comida y otras provisiones. Unos veinte minutos después, lo seguí en nuestro segundo auto con todos los niños.

Mientras subía por el oscuro y serpenteante camino de montaña, me encontré con un bulto que era un hombre tirado en el camino, cubierto de sangre y vidrio. El único motivo por

---

* Las tragedias mencionadas en este capítulo se describen en forma más detallada en otros dos libros, *Where Does A Mother Go To Resign?* [¿Adónde va una madre para presentar su renuncia?], Bethany House Publishers, Minneapolis, 1979; y *So Stick a Geranium in Your Hat and Be Happy* [Ponte un geranio en tu sombrero y sé feliz], Word Publishing, Dallas, 1990.

el que pude saber que era Bill fue por la ropa que llevaba puesta. El camino no había sido utilizado durante todo el invierno, y evidentemente había chocado contra unos escombros abandonados por una cuadrilla de trabajo.

Rápidamente salté del auto y, luego de comprobar que Bill aún estaba con vida, supe que debía conseguir ayuda a toda prisa. Dejé con él a uno de los muchachos mayores y conduje diez millas hasta encontrar un teléfono para pedir una ambulancia. Cuando llegó, viajé con Bill hasta el hospital, dejando a los niños con amigos de la iglesia. Luego esperé toda la noche hasta obtener alguna información acerca del diagnóstico.

A eso de las seis de la mañana volví a casa sola y entré al hogar vacío. No estaba Bill, no había niños. No tenía idea de lo que haría si él no lograse sobrevivir. ¿Qué sucedería si sobreviviese pero su cerebro estuviese tan dañado que no pudiese trabajar? Hasta el momento nuestras vidas se habían deslizado sobre rieles y ahora, repentinamente, había pasado de los rieles al empedrado. Nada encajaba. Nada funcionaba. Nada se deslizaba ya.

Dos días después el neurocirujano y el oftalmólogo me dieron su veredicto. Bill estaba ciego y sufría de continuas convulsiones por causa del severo daño cerebral. Dijeron que su condición era «irrecuperable», una palabra que habría de escuchar muchas veces durante el transcurso de los siguientes meses. Por ser Bill un veterano, los doctores me aconsejaron que lo internara en el Hospital Sawtelle de veteranos porque nunca más podría integrarse a un núcleo familiar. Bill, dijeron ellos, sería un vegetal por causa de su daño cerebral irreversible y a lo sumo le quedaban cinco años de vida.

Resultó que pasarían varios meses hasta disponer de una cama en Sawtelle; de modo que, luego de pasar varias semanas en terapia intensiva, lo trajimos a casa para intentar arreglarnos de esa manera. Él estaba ciego y no nos conocía; su memoria había desaparecido. Pude encontrar a alguien que permaneciese con Bill mientras yo salía para tramitar los beneficios de Seguridad Social, pensión de veteranos, incapacidad y subsidio para ciegos. Hasta le conseguí un bastón blanco y un montón de discos para que escuchase.

Fue un proceso lento. Muchas personas estaban orando,

pero hubo demasiadas noches en las que me preguntaba lo que nos sucedería a todos. ¿Cómo podría criar a cuatro hijos y cuidar también de Bill? Él siempre había estado en control... siempre había sido una persona perfeccionista en su modo de resolver los detalles de la vida. Ahora, mi fuerte marido había sido reducido a la condición de inválido.

Entonces, luego de lograr inscribir a Bill en los diversos programas para poder disponer del dinero suficiente para cubrir los gastos, ¡Dios lo sanó! Recuperó su vista y su mente comenzó a funcionar. Finalmente nos reconoció y un poco de terapia sicológica restauró gran parte de su memoria.

Cuando hay humo, debiera haber olor

Aun cuando Bill mejoraba lentamente, era necesario que alguien estuviese siempre con él, para estar completamente seguro. Aprendí esta verdad un día cuando fui corriendo al supermercado por unos pocos minutos para comprar unos comestibles, pensando que no sería peligroso dejar solo a Bill durante ese lapso.

Lo que no había notado era que el accidente había destruido su sentido del olfato. Cuando regresé a casa, ¡el techo estaba en llamas! Entré corriendo y encontré a Bill en el dormitorio del fondo, acostado pacíficamente, teniendo colocado su soporte espinal, aparentemente feliz y contento.

«Debo llamar a los bomberos», grité. «¡La casa está en llamas!»

«¿Qué?» dijo Bill. «No siento olor a humo...»

Los bomberos llegaron en pocos minutos y lograron apagar el fuego del techo antes de que la casa se consumiera en llamas. Determinaron que de algún modo un pájaro había levantado un cigarrillo encendido en alguna parte y lo había depositado debajo de una de las tablitas de madera que cubrían nuestro techo. Para cuando había vuelto del mercado, el techo estaba ardiendo.

Al mirar a Bill recostado en su soporte espinal, sin vista ni olfato, me acordé cuando era sano y nuestras vidas también lo eran. Por haber sido piloto durante la Segunda Guerra Mundial, disfrutaba al mirar viejas películas de guerra. Le encantaba ver los aviones y oír el rugir de los motores.

Las rosetas de maíz eran las preferidas de Bill. Un día, mientras estábamos en Knott's Berry Farm, se detuvo en una de las tiendas y compró un tazón de cerámica que parecía ser del tamaño adecuado para bañar a uno de los niños. A Bill le encantaba preparar rosetas de maíz los viernes por la noche y llenar ese tazón hasta el borde; luego todos nos sentábamos y juntos comíamos mientras mirábamos televisión.

Recuerdos dulces como esos me ayudaron a superar los primeros años amargos que siguieron a las heridas de Bill. Sinceramente, no recuerdo haber andado penando durante los meses posteriores a su accidente. Experimenté mucha angustia, frustración y presión, pero en realidad estaba demasiado ocupada para andar penando. Seguía rogando que, de algún modo, Bill se recuperase, aun cuando los especialistas habían dicho que era imposible.

Puedes imaginarte nuestro gozo absoluto al observar cómo Dios obraba milagros frente a nuestros ojos. Bill recuperó la vista y hasta pudo volver a trabajar como ingeniero. La nave de nuestra familia prácticamente había zozobrado en un huracán, pero Dios había enderezado las cosas y estábamos recuperando el equilibrio. Por supuesto que Bill aún estaba un poco extraño, pero no me importaba. ¡Él es hijo único y todos los hijos únicos son un poco raros de todos modos!

El dolor acababa de empezar

En realidad, el dolor que había experimentado hasta ese entonces sólo era un atisbo de lo que me aguardaba más adelante. En el transcurso de los próximos cinco años habría de perder a dos de mis hijos, uno a manos del fuego enemigo en Vietnam y otro a manos de un conductor ebrio, cuyo camión de tres toneladas cruzaría la línea central en la carretera de Alaska en Territorio del Yukón. La muerte de cada uno de los muchachos fue diferente y a la vez semejante.

Durante su último año de secundaria, Steve, de diecisiete años, se sintió aburrido y se volvió inquieto. Era cristiano, pero había comenzado a frecuentar un grupo de amigos que sabíamos que se dedicaba a drogarse y a beber. En el otoño de 1967, siguió ejerciendo presión sobre Bill y sobre mí, a fin de que firmáramos papeles que le permitieran incorporarse a la Marina pues varios de sus amigos ya lo habían hecho.

Ni Bill ni yo estábamos convencidos de la idea, pero nos animaban los informes periodísticos que parecían indicar que el conflicto en Vietnam estaba decreciendo. Al comprender que podría incorporarse por voluntad propia al cumplir sus dieciocho años el 1º de diciembre, en octubre me presenté a firmar los papeles que posibilitaron que Steve se incorporara a la Marina de los EE.UU.

Steve se fue al campo de entrenamiento, pleno de fantasías y entusiastas aventuras, pero a las pocas semanas había cambiado su modo de pensar. Sus cartas empezaron a contarnos que la Marina no era tan maravillosa como él había pensado y que tenía dudas de que lo fuera para él después de todo.

Ese año, unas pocas semanas después de la Navidad, la Guerra de Vietnam alcanzó nuevos niveles de conflicto. Un recuerdo agridulce que está grabado en mi memoria para siempre es Steven, con su bolso marinero sobre el hombro, mientras gira para saludarme con la mano antes de desaparecer más allá del alambrado de Camp Pendleton al partir rumbo a Vietnam.

Sucedió el día de San Patricio, 17 de marzo de 1968, y habría de ser la última vez que lo vería con vida. Cinco meses después me tocaría identificar su cuerpo hinchado y deformado, que había adquirido un enfermizo color marrón por haber permanecido boca abajo en un arrozal durante dos días hasta ser hallado. Al abandonar la funeraria, supe que esto no se trataba de un sueño; esta era la REALIDAD. Mi pena era abrumadora, pero en el transcurso de las semanas y meses que siguieron pude aceptar lo que había sucedido al rememorar recuerdos agridulces de Steve y de lo mucho que nos habíamos divertido juntos. Esos recuerdos me ayudaron a superar la primera etapa de mi pérdida.

El auto fúnebre venía equipado con pico y pala

Steve y yo solíamos encontrar muchas cosas de las que nos

podíamos reír. Tal vez era porque ambos teníamos el mismo torcido sentido del humor. Una vez veníamos de la iglesia a la casa y pasamos frente a un lote de venta de autos usados donde se vendía un gran auto fúnebre Cadillac negro por trescientos cincuenta dólares.

«¡Impresionante!» exclamó Steve. «Mira ese auto fúnebre... Sería fantástico tener un auto así, ¿no?»

Hacía poco que Steve tenía su licencia para conducir, y estoy segura de que nunca soñó que yo consideraría la compra del auto fúnebre. Nos detuvimos a conversar con el vendedor y nos enteramos que el auto había sido traído a California desde Minnesota. El tapizado era de un hermoso terciopelo color púrpura. ¡Hasta tenía un compartimiento en la parte posterior dentro del cual había un pico y una pala!

Era obvio que Steve de veras quería ese auto fúnebre. Bill ya había regresado a casa con el resto de los muchachos y resolví tomar una decisión repentina. Escribí un cheque por trescientos cincuenta dólares y compré el auto fúnebre. Steve casi no cabía en sí al conducirlo hasta casa.

Cuando llegamos, Bill casi no cabía tampoco en sí... pero no era por causa de gran alegría. Tuve que hablar bastante para lograr que permitiese a Steve quedarse con el auto fúnebre. En realidad no podíamos afrontar ese gasto en ese momento porque Bill aún estaba recuperándose de su accidente; pero que «todo sea por diversión...» y, por cierto, el auto fúnebre era muy divertido.

Los amigos de Steve quedaron embelesados ante el auto fúnebre. Querían sentarse en él, conducirlo y probar el pico y la pala. Su rendimiento sólo era de 2,5 km por litro, pero como Steve era un buen comerciante logró sacarle unos dólares al alquilarlo a algunos de sus amigos para la noche de Halloween [noche de brujas]. Ellos lo decoraron y se divirtieron mucho conduciéndolo por todas partes, «espantando» el bulevar. Aún conservo fotos de la noche de Halloween, así como fotos de Steve y sus amigos saliendo para la playa en su auto fúnebre, ¡con sus tablas de surf asomando por detrás!

Recuerdos agridulces como estos me ayudaron a superar nuestra pérdida de Steve, así como también el acercarnos a otras familias que habían perdido hijos en Vietnam. Utilizando una lista de nombres que se imprimía en el diario, nos poníamos en contacto con familias que habían perdido a sus hijos en la guerra y comenzamos a contarle a ellos nuestra esperanza y nuestra fe.

A la larga, empecé a decirme que seguramente ya habíamos pasado por el sufrimiento que nos tocaba vivir. Bill se había recuperado de lo que los doctores denominaban lesiones sin esperanza. A pesar de que su memoria no era demasiado buena (solía mirar viejas películas de John Wayne vez tras vez, sin darse cuenta de que ya las había visto), estaba cumpliendo con su trabajo y casi había vuelto a la normalidad. Steve había muerto en Vietnam y era nuestro depósito en el cielo. Ahora podíamos seguir adelante con nuestras vidas. Pero según lo establece un dicho:

LA VIDA ES LO QUE SUCEDE
DESPUÉS DE HACER OTROS PLANES.

Lo que sucedería a continuación era tan increíble que no nos cabía en la mente. Una muerte violenta nos arrebataría a nuestro Tim en un momento en que experimentaba un entusiasmo por las cosas espirituales que nunca antes había conocido y cuando parecía tener por delante una plena vida productiva.

El sentido del humor de Tim era «diferente»

Irónicamente, muchas memorias de Tim también incluyen un auto fúnebre... no el que compramos para Steve, sino uno de color rosa que conducía para quien lo empleaba: una funeraria. Nuestro hijo mayor era un niño serio y concienzudo que no se dedicaba a la diversión tanto como el resto de nosotros. Su idea de algo gracioso era traer a casa lazos de los ramos fúnebres y decorar a nuestro perro o a nuestro gato con «QUE EN PAZ DESCANSE», o «DIOS BENDIGA AL ABUELO HIRAM».

Cuando recientemente hablé en el noroeste e hice referencia al hecho de que Tim trajese a casa los LAZOS de la funeraria para adornar al perro o al gato, una dulce ancianita se me acercó al finalizar la reunión y dijo: «Señora Johnson, me hace sentir tan mal el pensar que su hijo llevase a casa BRAZOS de la funeraria». Intenté asegurarle que Tim nunca había llevado a casa brazos... sólo LAZOS.

En ocasiones, Tim se detenía en casa mientras estaba trabajando y almorzaba, dejando el auto fúnebre (que contenía uno de sus más recientes ocupantes) estacionado en la entrada para autos. Un día llevó consigo a su hermanito, Barney, a la funeraria. Luego de asegurarse de que nadie estuviese presente, Tim permitió a Barney trepar a un ataúd vacío que estaba en una de las salas... sólo para ver qué se sentía. Luego (sólo por diversión) ¡cerró la tapa!

Barney emitió un grito y Tim abrió la tapa en pocos segundos... después de una buena carcajada, por supuesto.

Al día siguiente Barney fue a la escuela y durante un tiempo en el cual podían contar historias a sus compañeros, les relató lo sucedido. La maestra de Barney escuchó su increíble historia y luego me llamó por teléfono para decirme: «Señora Johnson, no me gusta decirle esto, pero me temo que Barney está comenzando a decir mentiras. ¡Está contando cosas que *no pueden* ser verdad!»

Cuando me contó lo que Barney había dicho, le aseguré que Barney no mentía y que mi hijo universitario simplemente tenía un sentido del humor «diferente». Pero no estoy segura de haberla convencido del todo.

Aunque carecía de lo que llamo una «personalidad divertida», Tim no tenía dificultad alguna para atraer a las jovencitas. Alto y buen mozo, siempre tenía varias novias; a menudo venían a casa para nadar en nuestra piscina. Otra imagen que tengo grabada en la memoria es la de un neumático gigante flotando en nuestra piscina sin que nadie estuviese a la vista. Tim y su novia se encontraban dentro del neumático, pero era tan enorme que no los podía ver. De modo que, iba hasta la piscina a cada rato para controlarlos.

La última llamada de Tim... un recuerdo agridulce

Mi recuerdo más agridulce de Tim es el de la última conversación que sostuve con él... el día de su muerte. Llamaba desde Whitehorse, territorio del Yukón (a cobrar en casa, por supuesto), para decirme que él y su amigo, Ron, estaban camino a casa luego de pasar el verano trabajando y haciendo amigos en una iglesia que les gustaba de modo especial. Lo que más me impactó fue la voz de Tim. En lugar del tono calmo y sereno que solía tener, rebosaba de entusiasmo por causa de lo que Dios había estado haciendo en su vida.

«Mamá, tengo un brillo en mi mirada y un resorte en mi andar», dijo él. «¡No tengo tiempo de contártelo ahora, pero Dios utilizará mi historia por todas partes! ¡Te veré en cinco días!»

Pero eso no llegaría a suceder. Unas pocas horas después, mientras cenábamos y hablábamos acerca de la llamada de Tim, sonó el teléfono y un oficial de la Real Policía Montada de Canadá me dijo que mi hijo y su amigo estaban muertos. Su pequeño Volkswagen había sido aplastado por un camión de tres toneladas con un conductor ebrio al volante.

Las heridas de pena que sólo habían sanado parcialmente desde la muerte de Steve cinco años atrás, ahora se reabrieron profundizándose aún más que antes. Pensé que había aceptado la muerte de Steve. Él era nuestro único depósito en el cielo. ¿Por qué necesitaba Dios a los DOS?

Diez días después, hice mi segundo viaje hasta la funeraria para identificar en un cajón a otro muchacho muerto. Este viaje fue tan irreal como el anterior. El hombre de la funeraria me llamó y dijo: «Señora Johnson, esta es la primera vez que me ha tocado llamar a LA MISMA FAMILIA dos veces, pero deberá venir hasta aquí para identificar el cuerpo de Tim porque murió en otro país».

Como Bill aún no se desplazaba con facilidad, conduje el auto sola hasta la funeraria. Increíblemente, ese MISMO DÍA se cumplían cinco años exactos del día en que había ido a identificar el cuerpo de Steve... también muerto en el extranjero. Fue un caluroso día de agosto, cinco años antes, cuando recorrí este mismo camino. Ahora, otro caluroso día de agosto, hasta conducía el mismo automóvil (no cambiamos el auto con frecuencia), para ir a mirar OTRO muchacho en un cajón. Sencillamente, no lo podía aceptar. ¿Cómo podía suceder esto OTRA VEZ? Era como un sueño... ¡no, una pesadilla!

El servicio conmemorativo en honor a Tim y su amigo

glorificó a Dios de muchas maneras ya que varios de sus amigos y compañeros se entregaron a Cristo. Las revistas cristianas, incluyendo *Christian Life*, se enteraron de la noticia y publicaron titulares como «SU MUERTE SÓLO FUE EL PRINCIPIO».

Sentía agradecimiento por todo el bien que surgió a partir de nuestra tragedia, pero en realidad esto no atenuó el dolor. Pensé que había aprendido cómo tratar con la pena a través de la muerte de Steven, pero la muerte de Tim me demostró que la pena es un maestro severo y que siempre debes aprender a enfrentarla por tu propia cuenta. No existe curso que puedas tomar, ni libro que leer, ni video que mirar. Tú eres tu propio video, y te desplazas lentamente cruzando la pantalla, cumpliendo a tientas la parte que te toca en un trágico drama. En momentos como esos desearías que tu vida fuese un videograbador para poder apretar el botón de AVANCE ACELERADO en las partes que no deseas vivir.

Todos penamos de manera diferente

Mientras superaba la muerte de dos hijos, elaboré algunos lineamientos para enfrentar la pena. Los aprendí por el método de prueba y error... mayormente de error porque mis ojos estaban cegados por las lágrimas.

A pesar de que existen ciertas etapas de la pena que son comunes a todos, no hay dos personas que pasen por estas etapas al mismo ritmo ni de la misma forma. Cuando muere un ser querido, la primera etapa de la pena incluye estado de SHOCK, en particular si la muerte resulta totalmente inesperada.

En el caso de Steve, se encontraba inmerso en una guerra y teníamos conciencia de que podía ser arrebatado en cualquier momento por estar en una zona altamente peligrosa. Cuando llegó la noticia de Steve, el estado de shock que experimentamos no fue parecido siquiera al que nos produjo esa llamada que nos informaba de la muerte de Tim en un accidente automovilístico el mismo día en que con tanto entusiasmo aguardábamos su regreso.

Cuando recibimos la llamada acerca de Tim, recuerdo haber

gritado por la casa: «Esto NO PUEDE ser... Sólo ha pasado un par de horas desde que hablé con él... ¡Venía de regreso a CASA!»

No podía creer que Tim en realidad se había ido, habiendo sido aplastado por un conductor ebrio. Sencillamente, no podía ser verdad. Debía ser una pesadilla o mi imaginación.

El estado de shock es el modo en que Dios protege de la tragedia a los que ama. El entrar en shock nos da tiempo de absorber lo que ha sucedido para que podamos intentar el ajuste a las noticias recibidas.

Cuando se acaba el estado de shock, se inicia el dolor

La pena es a las emociones lo que la cirugía es para el cuerpo. Una vez que se haya pasado el efecto del shock, el DOLOR puede ser intenso. El tiempo que dura ese dolor difiere según cada caso. No existe un límite de tiempo. También, la persona que está penando debe comprender que:

LA PENA NO PUEDE SER REMOVIDA
MEDIANTE LIMPIEZA EN SECO;
DEBE SER LAVADA CON LÁGRIMAS.

En los Ministerios Espátula nos relacionamos mayormente con madres que han sido golpeadas por la pena, pero también atendemos a cierto número de padres. Me alegra ver que nuestra sociedad se está volviendo más tolerante en lo que respecta a la aceptación de que un hombre llore. Tengo una amiga que me relató algo acerca de su hijo, un hombre maduro casado que tenía tres hijos propios. El día que escuchó por la radio que habían asesinado de un disparo al Presidente John F. Kennedy, este hombre mayor fue corriendo a la casa de su madre, entró como una tromba, apoyó su cabeza sobre el hombro de su progenitora y lloró como un niño.

Para este hombre, el venir a casa de su madre y llorar simbolizaba consuelo, afecto y seguridad... todas las cosas que los niños pequeños reciben de sus madres. Este hombre grande, fuerte y alto quería llorar abiertamente y aliviarse del dolor interno y el shock. ¿Y en qué otro lugar que no fuese su

HOGAR podría encontrar seguridad y comprensión de sus lágrimas sin que se le hiciesen preguntas?

Si estás penando, tal vez puedas obtener mayor ayuda de aquellos que no son incomodados por sus propias lágrimas, ni por las tuyas. Las lágrimas son el mínimo común denominador de la humanidad. Como ha dicho Helmuth Pleaser: «Con mayor fuerza que cualquier otra expresión o emoción, el llanto de los que están en igual circunstancia nos atrapa y hace que seamos compañeros de su momento, a menudo sin siquiera saber por qué».

Dios lee el corazón y comprende el lenguaje de las lágrimas. Puedes hallar muchos versículos maravillosos acerca de las lágrimas y del llanto en los Salmos. Por ejemplo, David escribió: «Pon mis lágrimas en tu redoma; ¿no están ellas en tu libro?» (Salmo 56.8).

Una traducción posible de este versículo dice que el salmista le pide a Dios que ponga sus lágrimas en la botella o en el odre de Dios, para que Él las conserve, las honre y con el tiempo las sane.

Está bien penar

Algunos cristianos cometen el error de pensar que no es un «buen testimonio» sentir pena. Están trepados a las paredes o postrados ante el Señor por causa de su pena, pero se sienten culpables por ello. Estoy de acuerdo con el escritor que dijo: «La pena no es signo de debilidad, sino un tributo al ser amado y una respuesta saludable a nuestro dolor. Al evitar la pena se posterga la recuperación. Aferrarse a la pena prolonga el dolor. Ninguna de estas posturas nos ayuda a lograr la sanidad».[1]

Ese es un buen consejo, pero desafortunadamente, algunos amigos cristianos bien intencionados pueden inferir sutilmente que «no es aceptable penar». Cuando murió Tim, las personas pasaban a verme y se esforzaban por hacer todos los comentarios correctos, tales como: «Qué maravilloso que Tim ahora esté con el Señor». Otra persona mencionó que era «bueno que aún te queden dos hijos». A pesar de sentir aprecio por lo que se intentaba con estos comentarios, no me aportaban ningún consuelo... sólo empeoraban mis heridas que ya estaban en carne viva y sangraban.

Sí, sabía que era maravilloso que Tim estuviese con el Señor, pero yo lo quería en casa con nosotros... conmigo, su madre, que lo había parido, criado y amado. En lo que respecta al hecho de que aún me quedaban dos hijos, sí, eso también era bueno, ¡pero deseaba tener también a Tim! Ahora él era nuestro segundo depósito en los cielos y me preguntaba cuánto más Dios demandaría de nosotros. ¿Sería Larry o Barney el SIGUIENTE? Pero en realidad no podía explicar estas cosas a mis amigos porque no las comprenderían.

La pena te producirá ira

Recientemente, una madre me escribió acerca de su único hijo, Jeff, quien murió en un accidente hará cosa de cuatro años. Ella había escuchado que estaba escribiendo otro libro y dijo:

> Si en tu próximo libro pudieras hacerlo, ayuda a los que están sufriendo por causa de la muerte de un hijo. Aún necesitamos ayuda. Tal parece que un día se puede enfrentar el dolor y al día siguiente no puedes hacerlo. Si pudieras, por favor, cuéntanos cómo Bill y tú han superado la pérdida de dos hijos. ¿Alguna vez sientes enojo con Dios? ¿Tienes deseos de propinarle un golpe a la gente? ¿Te molesta la gente? Resulta difícil ver a otras familias con sus seres queridos. Siento resentimiento. Deseo creer, pero me asaltan las dudas. Amar a Dios a veces resulta difícil. La gente dice que ayuda mantener ocupadas las manos, pero, Barbarita, en ocasiones es necesario bajar las manos... y entonces llorar. Tengo un buen esposo y dos preciosas hijas. Deseo ayudarlos, pero me siento perdida.

Además del estado de shock y el dolor, otra reacción natural a la muerte de un ser querido es la IRA, en particular si la muerte golpea inesperadamente, sin advertencia y aparentemente sin motivo alguno. Cuando mi estado de shock se convirtió en dolor por causa de la muerte de Tim, inmediatamente creció la ira dentro de mí. Como mis «puros» amigos cristianos no parecían comprenderme, de noche me subía al auto y conducía hasta un basural que distaba unas pocas millas de nuestra casa. Allí podía penar en privado, sin necesidad de esquivar sus «balas bíblicas».

En la actualidad ese basural tiene portones y no se permite estacionar allí de noche porque la policía teme que alguien pudiera ser asaltado o que le sucediera algo aun peor. Pero en 1973, el basural estaba abierto y estacionaba allí para llorar hasta descargar mi corazón. En ocasiones gritaba para hacerle saber a Dios lo que sentía. Le conté a Dios el enojo que sentía hacia las personas que se la pasaban diciéndome que debería estar alegre porque Tim está con Él. Y también le dije a Dios cuán enojada estaba por el hecho de que Tim nos fuese arrebatado. «¿POR QUÉ, Señor?», le preguntaba. «¡Tim era tan precioso, tan especial y acababa de renovar su fe en TI! ¿Qué gloria puede producir su MUERTE?»

Cuando cuento a otros el relato de mis idas al basural para penar y hasta protestarle a Dios, muchos padres me dicen que se sienten un tanto aliviados ante mi admisión de haber estado tan ENOJADA contra Dios por causa de la pérdida de mis hijos. Les digo que está bien expresar estas emociones y enojarse contra Dios. Cuando a través de nuestra pena le gritamos en agonía e ira, Él no dice: «¡Vete al infierno, hermana!» En lugar de eso, con paciencia nos ama... nos carga... nos envuelve con su manto de ternura mientras porfiamos, protestamos y nos rebelamos de cualquier modo posible.

Verás, Dios nos dio la capacidad de sentir emociones. Forman parte de nuestras vidas y son normales. El enojo, la ira, el deseo de matar a alguien (incluso a uno mismo) y el protestarle a Dios por haber permitido que esto te suceda... todos estos son sentimientos emocionales normales que no necesariamente son un comentario final con relación a nuestra condición espiritual. La Biblia dice que debiéramos ser tardos para la ira y que la ira no obra la justicia de Dios (véase Santiago 1.19-20); pero me parece que este pasaje habla acerca del tipo de ira que proviene del orgullo, la amargura y el resentimiento.

La ira que es producto del dolor y de la pena es una respuesta normal a una profunda herida. Este tipo de herida es igual seas o no cristiano. Si te amputan la pierna, te duele...

FELPUDO PARA RABIETA

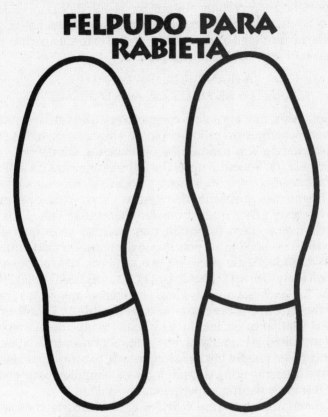

Instrucciones:

Cuando sobrevenga la sensación de tener necesidad de una rabieta, coloque ambos pies en el espacio provisto para tal fin y salte rápidamente hacia arriba y hacia abajo. También es permisible la emisión de gritos incoherentes. De persistir los síntomas, vea a su siquiatra más cercano... Es posible que usted esté loco.

sin importar cuáles sean tus valores espirituales. Es de vital importancia comprender que está bien sentir dolor emocional, pero *no debes dejarlo encerrado dentro de ti*. Debes hallar los medios para ventilar tus sentimientos y entonces podrás comenzar el proceso de sanidad porque:

LA FRANQUEZA ES A LA SALUD
LO QUE LOS SECRETOS SON A LA ENFERMEDAD.

Sólo estaremos tan enfermo como lo estén nuestros secretos. Experimentamos un calidoscopio de emociones y todos son útiles cuando son conducidos de maneras saludables. Eso incluye la ira. Podemos aprender a drenar nuestra ira al liberarla. Luego nos sentimos mejor y podemos empezar a juntar los fragmentos quebrados de nuestras vidas. Es mejor expresar el enojo a Dios que a otros familiares o amigos. Dios lo puede tolerar, pero es posible que nuestros seres queridos humanos no puedan aceptar lo que decimos. De modo que si estás enojado, déjalo salir. Ve a tu dormitorio, dale golpes a tu almohada y DEJA DRENAR UN POCO DE ESAS EMOCIONES. Tal vez hasta quieras llorar sin intentar aplacar los sonidos (hablaré más sobre este tema en el capítulo 3). Descubrirás que al ventilar tu ira, la diluirás y con el tiempo desaparecerá por completo. Al ventilarla, pones tus sentimientos al descubierto; luego puedes iniciar la limpieza de tu corazón y el lento proceso de remiendo. Al reemplazar los sentimientos de enojo por ternura y perdón, experimentarás sanidad.

Lo más importante es DRENAR EL DOLOR, dejar escapar el enojo del mismo modo que una válvula de seguridad deja escapar vapor. Me encanta el «felpudo para rabietas» que aparece en la página 51. La he incluido en mi carta circular *Love Line* [Línea de amor], junto con las instrucciones de cómo tener una rabieta. Obviamente, sólo es para diversión, pero aun así trasmite una profunda realidad: la necesidad de dar salida al dolor. En lo que respecta a «síntomas persistentes» y consultar a un consejero cristiano, esa es una posibilidad. Yo misma tuve esos síntomas y en el siguiente capítulo te relataré esa experiencia.

La pena ocurre, pero no se queda para siempre

Nos iremos mejorando y pasaremos a la etapa de RECUPE-RACIÓN. Ida Fisher, coautora de *The Widow's Guide to Life* [Guía de la vida para la viuda], quien ha enviudado dos veces, dice que existen tres elementos esenciales para la recuperación después de perder a un ser querido:

LÁGRIMAS, CONVERSACIÓN Y TIEMPO[2]

Al ocurrir una verdadera sanidad interior, lo único que queda es una cicatriz emocional como recordatorio de lo sucedido. El amanecer de la esperanza vencerá a la oscuridad de la pena. Lograremos hablar acerca del ser querido que ha partido y comenzar a encontrar placer en los recuerdos, en lugar de que ellos te destrocen por dentro. En lugar de sentir que son metralla incrustada, los recuerdos agridulces estarán recubiertos de amor. Y poco después ayudaremos a otros que sufren.

Después de la muerte de Steve, comenzamos a ayudar a otros padres que habían perdido a sus hijos en Vietnam. Al morir Tim, el ministerio se extendió más allá de los padres de los muertos en Vietnam; al poco tiempo estaba ayudando a otros que habían perdido hijos en accidentes automovilísticos o diferentes tragedias. La pena me había cambiado, pero no me había destruido. Dios me había sostenido y me había ayudado a atravesar el oscuro túnel. Como lo dice el salmista, Él verdaderamente fue: «[...] mi refugio en todas las tormentas de la vida[...]» (Salmo 32.7, La Biblia al día).

Al relacionarme con padres que están penando, les explico que la etapa de recuperación comienza cuando una mañana nos despertamos sin sentir esa necesidad abrumadora de volver a la cama y taparnos con las mantas. Sí, sucede; el pesado manto de pena que nos ha estado aplastando es levantado. Nuevamente escucharemos música. Los pájaros estarán trinando, el sol brillando, nos daremos cuenta de que Dios nos ha ayudado a vencer. Hemos sobrevivido y nos despojaremos de las agonías y nos apropiaremos de las credenciales.

Luego de la muerte de Tim tuve la oportunidad de hablar a muchos grupos de padres. Les dije que el haber perdido a dos hijos me había ocasionado un dolor increíble, pero que el dolor se estaba aplacando y que hasta podía sentir que me rodeaba el manto consolador del amor de Dios. Finalmente podía aceptar el hecho de tener *dos* depósitos en el cielo.

Debido a que pasé dos veces por estado de shock, dolor, ira y recuperación, había empezado a aprender cómo tratar con la pena causada por la pérdida de seres queridos. Se nos dice que no nos aferremos a todo lo que tenemos, al comprender que todo es temporal. Nuestras posesiones, aun los hijos, son prestadas. Dios puede cortar las flores de su jardín cuando lo decida. Sólo somos guardianes. En ocasiones nos aporta una mejor perspectiva el aceptar que todo lo que tenemos en realidad es sólo un préstamo.

Pero aún me quedaba más por aprender. La vida tiene un modo de propinar nuevos golpes y aun más fuertes. Así me sucedió. Todavía me aguardaba una lección de gran importancia.

Salpicaduras...

> Eres su joya...
> probada, resplandeciente y brillante.
> Has sobrevivido a los vientos de adversidad...
> ¡Eres un GANADOR!
> ¡Eres un VENCEDOR!
> ¡TIENES CREDENCIALES!
>
> Origen desconocido

* * * * * *

A TODOS LOS PADRES

«Te presto por un breve rato una hija mía», dijo Él,
para amarla mientras viva y llorarla al morir.
»Podrán ser seis, siete años o veintidós o tres,
pero, ¿podrás, hasta que la llame, cuidar de ella por mí?
»Con sus encantos podrá alegrarte y, de acortarse su existir,
tendrás sus hermosos recuerdos que aliviarán tu afligir.

»No prometo que se quede, pues lo terrenal debe regresar,
pero se enseñan allí lecciones que esta criatura debe
   incorporar.
»He recorrido el ancho mundo buscando quién le pueda
   enseñar
y ante la vasta muchedumbre por ti he decidido optar.
»Ahora bien, ¿le darás tu amor, sin pensar que trabajas por
   nada?,
¿tampoco has de odiarme cuando la llame para regresar?»

Me pareció oír que decían: «¡Señor, sea hecha tu voluntad!
Por la alegría que nos dará, nos arriesgaremos al dolor.
La protegeremos con ternura, mientras podamos le daremos
   amor,
estaremos siempre agradecidos por esta gran felicidad;
pero si los ángeles la llamasen anticipándose al plan,
haremos frente a la pena queriendo comprensión lograr».

Edgar A. Guest[3]

* * * * * *

Las dificultades no son señal de ineptitud, estupidez ni
inferioridad, sino que son parte ineludible de la vida[...]
prueban que eres miembro activo de la raza humana.

Ann Landers[4]

* * * * * *

[...] transformaré su «Valle de Penas» en una «Puerta de
Esperanza»[...] (Oseas 2.15, La Biblia al día).

Nos es necesario comprender que no siempre es necesario comprender

¿Será esta en realidad mi vida o habrá habido alguna equivocación?
Ashleigh Brilliant[1]

A pesar de lo duro que resultó la pérdida de dos hijos, con el tiempo llegó una clausura a sus muertes, y esa clausura llegó a ser mi aliada. Pero me llevó tiempo llegar hasta ese punto. Durante semanas, preguntas como «¿por qué yo?» seguían retumbando en mi mente, en especial después de la muerte de Tim. «¿Por qué yo?» es una parte natural de la pena. Lee esta carta que un hombre le escribió a Dios después de enterarse de la ceguera de su hijo recién nacido:

> Dios, pareces estar muy lejos de mí en este momento. En realidad no siento deseo alguno de hablar contigo. Pero, por otro lado, tal vez tenga miedo de lo que voy a decir. Toda mi vida he escogido con cuidado las palabras cuando oraba. Deseaba impresionarte con mi sinceridad y bondad. Pero hoy estoy muy enojado, nunca antes había sentido tanto enojo para contigo. Sabes cuánto he deseado un bebé. Oré pidiendo que el bebé naciese con salud. Bueno Dios, él es ciego. ¡ÉL ES CIEGO! ¿Cómo podré volver a creer que eres

un Dios amoroso? Lo que más me enfurece es que mi vecino, un ateo, tiene cuatro hijos fuertes. No es justo, Dios. Verdaderamente te culpo por esta pérdida.

Es necesario que le entreguemos nuestra ira a Dios. Job, luego de perder a toda su familia en una violenta tormenta, lanzó su enojo contra Dios, pero Dios comprendió. La Biblia nos dice que debiéramos entristecernos, pero no como lo hacen los que no tienen esperanza. Sí, CIERTAMENTE culpamos a Dios por algunas de nuestras pérdidas. No debiéramos sentirnos culpables por decirle que estamos enojados, pero al enfriarse nuestro enojo podemos aprender una valiosa lección acerca de un monstruoso mito, el que establece que: La fe en Dios es una póliza de seguro cuya principal cláusula provee la protección de Dios contra severos golpes. Nos olvidamos que estamos viviendo en un mundo quebrantado lleno de vidas quebrantadas, corazones quebrantados, sueños quebrantados. Qué gran falla espiritual es pensar que el ser cristianos nos provee de inmunidad contra el dolor.

Hay cosas que nunca llegaremos a entender. Algunas pérdidas nunca tendrán sentido para nosotros, pero con el tiempo y en la economía de Dios podremos ver que lo que dice Romanos 8.28 es verdad y ciertamente es efectivo. ES VERDAD que a los que aman a Dios todas las cosas les ayudan a bien.

Disponemos de principios bíblicos que nos indican cómo vivir y amigos sabios que nos aconsejan y, sin embargo, no siempre podemos hallar una respuesta a todo el dolor. Muchos moriremos sin conocer el «¿por qué?» de nuestras vidas. Debemos conformarnos sabiendo que: «Las cosas secretas pertenecen al SEÑOR[...]» (Deuteronomio 29.29, Biblia de las Américas).

¿Debe Dios alguna vez decir: «Me equivoqué»?

Tal vez nunca lleguemos a conocer la respuesta a las preguntas enigmáticas de la vida, pero... ¿acaso tiene importancia? ¿Dejamos de orar por el hecho de que nuestras oraciones no recibieron la respuesta que deseábamos? En nuestro caso, pedimos a Dios que protegiese a Tim en su viaje de regreso a casa desde Alaska, confiando que le concedería las «misericordias del viaje» que le habíamos solicitado. A las pocas horas de nuestras oraciones, nuestro hijo murió aplastado. ¿Animó esto nuestro deseo de orar? No. ¿Causó esto que pensásemos: *Después de todo, para que sirve todo esto?* Por supuesto que sí. ¿Para qué preocuparnos por orar, si no sirvió de nada? Él murió a pesar de que oramos por su seguridad. ¿Sentíamos enojo hacia Dios? Ciertamente. Cuán injusto, cuán cruel, cuán aplastante.

Pero bajo todas esas sensaciones, profundamente subyacía nuestra confianza en que Dios no comete errores, que nunca tiene la necesidad de decir «¡epa!». Él no fue quien provocó que ese conductor ebrio cruzara la línea central. A pesar de todas nuestras preguntas y de nuestra amarga pena, aun así sabíamos, muy dentro nuestro, que nunca nos sucede nada sin que Dios lo sepa. Dios aún nos amaba y estuvo con nosotros en nuestra pena, en nuestro dolor... y en nuestro enojo.

Cuando fue llevado, Tim estaba viviendo el mayor acercamiento a Dios de toda su vida. Mientras estábamos de duelo por Tim, nos visitó un pastor para decirnos que las Escrituras dicen que Dios corta las flores para su jardín en su momento de mayor belleza. Al principio no quería escuchar lo que decía, pero después ese pensamiento se convirtió en un consuelo para mí.

Y finalmente cesaron los «¿por qué yo?» y comenzó el proceso consolador de cicatrización. Sí, Tim se había ido; sí, lo extrañaba horriblemente. Pero lentamente pude vencer la pena producida por la pérdida de un segundo hijo y arribé a una especie de meseta donde pude decir: «Seguramente que dos depósitos en el cielo son suficientes».

Pero había más por aprender. De muchas maneras, el tratar con la muerte de dos hijos fue el inicio de mis estudios relacionados a la pena. En el curso avanzado aprendí que no sólo existen distintas *etapas* de la pena; también hay diferentes *tipos* de pena. Y aprendí que aun la muerte no necesariamente produce el peor tipo de dolor.

Me gradué en dolor

Mi curso de posgrado en pena se inició el día que accidentalmente descubrí pornografía homosexual en el cajón de la cómoda de Larry.* Irónicamente, hice este descubrimiento la mañana siguiente a la ceremonia de graduación de nuestro hijo de veinte años, donde lo habíamos observado mientras recibía numerosos reconocimientos, incluyendo el de Alumno Sobresaliente. Uno de los clérigos más destacados de California fue el orador del evento y nos dijo al finalizar la ceremonia: «Dios ha puesto su mano sobre este muchacho y habrá de usarlo de manera especial».

Cuando encontré el material homosexual, así como también cartas explícitas dirigidas a Larry y enviadas a una casilla de correo, no podía creer que toda esta basura perteneciera a mi hijo. Tal vez todo formaba parte de algún proyecto de investigación que se llevaba a cabo en la facultad... ¡el problema era que las clases ya habían finalizado!

Estaba en estado de shock al dirigirme al aeropuerto para recibir el avión que traía a mi hermana y a su esposo, quienes venían para un festejo especial de fin de semana con nuestra familia. Sería la primera vez que nos íbamos a reunir desde la muerte de Tim.

Tiré todas las fotos y cartas al baúl de mi auto y me dirigí al aeropuerto, mientras lloraba y temblaba sin poder creer lo que sucedía. Tenía la sensación de que un elefante estaba parado sobre mi pecho. Por dentro estaba agitada y los sonidos que se escapaban de mi boca eran extraños y ahogados gemidos que nunca antes había escuchado. Tenía la sensación de ser corneada por un toro o de que un cuchillo, clavado en mi corazón, era retorcido con violencia hacia dentro y hacia fuera.

Durante todo el viaje al aeropuerto (casi una hora de duración) estuve gimiendo y tenía deseos de vomitar. Sentía como si me hubiesen metido un felpudo dentro de la garganta. Al mismo tiempo, comenzaron a molestarme los dientes. Mi viaje

---

* Para una descripción más detallada de mi lucha ante el descubrimiento de la homosexualidad de mi hijo, véase *So, Stick a Geranium in Your Hat and Be Happy* [Ponte un geranio en el sombrero y sé feliz], Word Publishing, Dallas, 1990, caps. 3 y 11; y *Where Does a Mother Go to Resign?* [¿Adónde va una madre para presentar la renuncia?], Bethany House Publishers, Minneapolis, 1979.

al aeropuerto fue espantoso, pero me ayudó a descargarme de un poco del dolor que sentía por dentro, y eso permitió que pudiese tolerar las siguientes horas. Más tarde, escuché de boca del propio Larry que, efectivamente, era homosexual o «tal vez bisexual» (vaya uno a saber lo que era eso. La homosexualidad estaba en la Biblia, pero «¿bisexual?» Pensé que tal vez se trataba de alguien que tenía relaciones sexuales dos veces por mes. ¿Por qué diría tal COSA?).

Mi estado de shock se convirtió en ira y luego en furia, y al día siguiente Larry y yo tuvimos, literalmente, una confrontación brutal en nuestra sala. Le cité a gritos cada versículo y palabra de condenación de la Biblia que conocía. Él me respondió gritando todas las obscenidades rebeldes que le vinieron a la mente (muchas de las cuales nunca antes había escuchado).

Al día siguiente Larry partió en un estado de furia y no regresó ni se puso en contacto con nosotros durante casi un año. Entonces mi furia pronto se convirtió en dolor (mi viejo y conocido atormentador) y regresaron las preguntas «¿por qué yo?» con mayor fuerza que antes. La gente me preguntaba si era más difícil sufrir la muerte de dos hijos o ¡perder a un hijo por adoptar un estilo de vida homosexual! Por devastador que resultase el hecho de enterrar a dos hijos, era aun peor saber que otro hijo andaba por allí viviendo una vida tan desagradable para Dios.

Con Steve y Tim había sufrido dolor, pero también se había cerrado el caso. Se hicieron las despedidas, se realizaron los servicios, se dieron los testimonios para la gloria de Dios y las tumbas fueron selladas. Las heridas abiertas por la pena podían sanar porque «esto había acabado».

Pero el caso de Larry era diferente. Habría de ser introducida a lo que han soportado muchos padres: pena continua a largo plazo.

Larry no estaba muerto (aunque tal vez habría sido menos doloroso de ese modo). Las muertes de Steve y de Tim fueron acompañadas de apoyo, amigos que pasaban a saludar, los cuales no siempre decían lo más adecuado, pero al menos nos decían ALGO con la intención de brindar consuelo.

Pero... ¿a quién podía contarle acerca de Larry? La culpa me convirtió en una reclusa. Me perdí de vista y la mayor parte del tiempo permanecía encerrada en mi habitación, contando las rosas del empapelado y repasando mis recuerdos agridulces acerca de cómo solía ser cuando Larry, el cual de muchas maneras era «la niña de nuestros ojos», crecía.

A Larry y a mí siempre nos gustaba reír

Larry había sido muy talentoso para la música, muy cariñoso y siempre dispuesto para la risa. Cuando tenía diez años participó en un programa de Navidad de la iglesia y se le asignó que cantara un solo: «While Shepherds Watched Their Flocks by Night» [Mientras vigilaban de noche los pastores sus rebaños]. Ayudé a Larry a practicar su canción y en ocasiones se hacía el gracioso y comenzaba a utilizar otras palabras: «Mientras los pastores de noche lavaban sus medias, sentados todos en el suelo, el ángel del Señor descendió y dijo: "¿Podrás lavar las mías?"»

Un día estábamos divirtiéndonos y Larry no dejaba de cantarlo mal, con el único fin de hacerme reír. Finalmente dije: «Te daré cinco dólares si en el programa lo cantas de esa manera».

Larry se rió y dijo que no lo haría, por supuesto, pero la noche de la función cambió de parecer... ¡sin informarnos! Subió al escenario frente a toda la gente y, efectivamente, comenzó a cantar: «Mientras los pastores de noche lavaban sus medias...»

Cantó el resto de la canción con las palabras equivocadas; pero en vez de quedar sorprendidos, los presentes empezaron a sonreír y al poco rato estaban todos riendo y aplaudiendo. Ah, sí, le pagué los cinco dólares; ¡la diversión realmente los valía!

Había muchos otros recuerdos también. Compramos un piano automático (de los que tocan utilizando rollos perforados), y a Larry le gustaba colocarle una melodía con mucho ritmo y recorrer con sus manos el teclado como si estuviese tocando la canción. Podía recordar haber estado conversando en la sala con un hombre que había venido para hacer una reparación, mientras Larry estaba sentado al piano. Desde donde nos encontrábamos, a él le parecía que Larry realmente tocaba el piano. «¡Cómo toca ese niño!», dijo el hombre mientras se retiraba. Al cerrarse la puerta tras él, Larry y yo nos desternillamos de la risa.

Siendo adolescente, Larry trabajaba en un sitio de venta de hamburguesas, y al regresar a casa luego del último turno de la noche traía hamburguesas para los dos. Nos sentábamos juntos, mirábamos el show de Johnny Carson, comíamos hamburguesas y nos reíamos. Larry tenía una risa tan contagiosa y musical que debía decirle que se callara para evitar despertar a todos.

Y también tenía un pequeño Volkswagen rojo con una llave de cuerda soldada a la parte posterior. Me causaba gracia cada vez que lo veía dirigirse a la escuela o al trabajo.

Después que Larry se fuera y no nos contactara, yo seguía buscando y esperando. Cada vez que veía un «escarabajo» Volkswagen, buscaba la llave de cuerda, pero nunca veía el auto de Larry.

Vivir a la sombra de la esperanza y del temor

Al tornarse mi enojo en depresión, el dolor se volvió intenso. El dolor por lo general tiene una causa física, pero también puede producirse por causa de profundas heridas mentales o emocionales. En cierto modo, resulta más fácil soportar el dolor físico. Pero cuando sufres dolor emocional, alternas entre vivir a la sombra de la esperanza y a la sombra del temor. Tienes la esperanza de poder superar este asunto con rapidez y luego temes que nunca acabe. A pesar de tener siempre la esperanza de arribar rápidamente a una solución para nuestro dolor, debemos enfrentarnos a la realidad de que no existe una solución veloz. Cuando el dolor es profundo y grande, rara vez se presenta una cura instantánea.

El dolor continúa porque también el problema continúa. Puede ser causado por la traición de un cónyuge o de un amigo de toda la vida; puede ser a causa de una herida provocada en un serio accidente que, como secuela, te deja inválido o te produce algún tipo de incapacidad. Puede tratarse de algún problema crónico en la familia, como el abuso de drogas, enfermedad mental o el tener algún hijo retardado. Y puede ser, como en mi caso, un hijo rebelde que te ha destrozado el corazón.

Mi correspondencia proviene predominantemente de padres que cargan con una pena de larga data o crónica. Una pareja me escribió para contarme cómo se habían enterado de que su hijo de treinta años, talentoso, cristiano, graduado universitario («jamás nos causó ni el más mínimo problema») era homosexual y había sido expuesto al virus del SIDA. Parte de la carta de la madre decía:

> No sé cómo describir nuestro sentimiento en ese momento ni el de ahora, porque nunca permanece la misma sensación por mucho tiempo. DOLOR, ira, DOLOR, culpa, DOLOR, desesperanza, DOLOR, vergüenza, DOLOR, negación, DOLOR, confusión, DOLOR, pérdida, DOLOR, temor, DOLOR, estupor y luego vuelve todo a comenzar otra vez. Mi esposo y yo lloramos, oramos, conversamos y nos aferramos el uno al otro. Cada uno intentando consolar al otro cuando éste se encontraba muy deprimido. ¿Cómo podía sucedernos esto?

Sólo unos meses después, estos mismos padres quedaron estupefactos ante un nuevo anuncio. En esta ocasión se enteraron de que su hija de veintisiete años, cristiana, igualmente talentosa, graduada universitaria («jamás nos causó ni el más mínimo problema») TAMBIÉN era homosexual, pero que no estaba involucrada en una relación en ese momento.

Después de haber comunicado a sus padres que eran homosexuales, ambos hijos se mudaron a varios kilómetros de distancia pero permanecen en contacto. Ambos declaran que nunca han tenido sentimientos diferentes y que siempre se han interesado solamente por los de su mismo sexo. También dicen que quieren hallar un compañero y desarrollar una relación que sea tan feliz como el matrimonio de sus padres. La carta de la madre sigue así:

> De modo que nos encontramos ante un callejón sin salida, demasiado temerosos y avergonzados para contarle a [alguien] y muriendo por dentro porque es una carga muy

pesada. Conocemos al Señor como nuestro Salvador y creemos que todas las cosas ayudan a bien a los que son llamados conforme a su propósito. ¿Por qué entonces nos cuesta tanto entregarle a Él todo este desastre? Estamos en agonía pensando en lo que debemos haber hecho mal para que nuestros dos hijos resultasen de este modo. Pido disculpas por ser tan incoherente, pero en ocasiones el dolor es como un cuchillo y siento que no sobreviviré... y a decir verdad ni siquiera estoy segura de desearlo.

Una carta como esta demuestra que la expresión *corazón partido* es más que una simple metáfora. En el siglo diecinueve, algunos médicos creían que la pena severa podía dañar de algún modo el corazón y hasta causar la muerte. Un doctor escribió: «La disección de personas que han muerto revela congestión e inflamación del corazón con ruptura de sus aurículas y de sus ventrículos».[2]

Hoy en día, muchos doctores afirmarían que la pena puede, literalmente, quebrantarnos el corazón. Y las cartas que recibo lo verifican. El objetivo de los Ministerios Espátula se encuentra en Isaías 61.1: «vendar a los quebrantados de corazón...»

Obviamente mi corazón quebrantado no me mató, pero me dio la misma sensación que han descrito tantas otras madres: dolor de pecho, como si se retorciera un cuchillo.

Una madre me contó que había aprendido a vivir con el cuchillo clavado en su pecho al evitar bodas, bautizos o cualquier otro festejo que le hiciese pensar en su hijo separado de la familia. De ese modo el cuchillo no giraba ni se retorcía tanto. Seguía estando allí, pero no la destruía.

Cuando sufrimos un dolor como ese, la depresión siempre está presente o al menos nunca se aleja demasiado. Nos hace falta fuerza con el único fin de poder vivir cada día. «¿Por qué yo?», se convierte en la pregunta preferida. Sabemos que es la pregunta menos adecuada para formular, pero no la podemos evitar.

Quienquiera que haya acuñado la frase «la desdicha busca compañía» tenía razón... hasta cierto punto. Cualquiera que esté atravesando por dolor y pena a largo plazo (por ejemplo: el que causa un hijo rebelde) a menudo se siente atraído hacia otros, en especial con otros padres que se enfrentan al mismo problema. Es por eso que los grupos de apoyo de Ministerios Espátula constantemente reciben nuevos miembros. Los padres que tienen el mismo dolor pueden identificarse los unos con los otros al abrir los abscesos y drenar el dolor mediante la conversación con otros que comprenden el porqué experimentan los mismos sentimientos. Es posible que no alivie nuestro dolor el hecho de saber que hay otro que sufre más, pero sí ayuda el saber que Dios mide nuestra fuerza y nos permite una pesada carga con el fin de que nos esforcemos y nos fortalezcamos día a día.

Una de las principales salpicaduras de gozo que recibo cuando salgo a contar a otros mi historia es cuando al finalizar se me acercan mujeres y me dicen: «Después de escuchar SU historia, siento que no tengo problemas EN ABSOLUTO». ¿No es fabuloso ver cómo Dios puede tomar los fragmentos de una vida y utilizarlos para bendecir a otros? Confiamos que las historias de este libro logren iluminar muchos rincones oscuros y sembrar semillas de esperanza en los sitios donde hay derrota. Debes saber que EXISTE una puerta hacia la esperanza y no sólo puedes hallarla, sino que puedes pasar por ella con confianza luciendo una sonrisa o hasta emitiendo una risita al llegar al otro lado.

El dolor nos puede aislar

No siempre resulta fácil hallar a otros que nos puedan dar apoyo en el dolor y en ocasiones ni siquiera tenemos deseos de hacerlo, en especial cuando recién acaba de golpearnos la tragedia. Posiblemente caigamos en tan profunda desdicha y depresión, en especial al principio, que nos separemos de todos nuestros contactos. El dolor nos puede aislar de nuestros amigos y aun de la familia, y eso es exactamente lo que me ocurrió. Después de enterarme de lo de Larry, mi sufrimiento era tan profundo y tan personal que no lo podía expresar a otros. Me sentía demasiado enferma y herida, de manera que protegí mis sentimientos y permanecí dentro de mi propia prisión de aislamiento.

He escuchado acerca de un método de tortura de los campos

de prisión llamado «el saco de cemento». El saco de cemento es un cubículo de concreto que sólo tiene el tamaño suficiente para que una persona permanezca de pie en encierro solitario. En un sentido real, me encerré en mi propio saco de cemento de angustia y desdicha. La desdicha es optativa y en ese momento escogí la de peor clase.

Después de que Bill se iba al trabajo, me quedaba a solas en el dormitorio del fondo, contando las rosas del empapelado y después rompía en sollozos periódicos que en ocasiones se convertían en gemidos: el símbolo máximo de la agonía humana. Había llorado mucho por Steve y por Tim, pero el llanto que derramé por Larry fue diferente. El llanto normal está centrado en la garganta, pero lo que yo estaba haciendo parecía más bien provenir de mi pecho, donde parecía estar localizado el dolor.

Sin darme cuenta, desarrollé una «técnica» para dar salida a mi pena. Ahora enseño esta técnica a otros que sufren este mismo tipo de dolor. Les digo a las personas que se acuesten cruzados sobre una almohada, boca abajo (porque esto quita las restricciones del pecho y de la garganta) y que después dejen salir todo... que sollocen sin trabas. En esta posición logras dejar salir la energía gimiente con más facilidad. El gemir constituye una liberación de energía física tan violenta como vomitar. Algunos padres que están penando piensan que si alguna vez inician este tipo de gemidos no podrán detenerse, pero eso no es verdad. Cuando comprendemos que los gemidos pueden ser una tremenda liberación, y sabemos que nuestros sentimientos son aceptables para Dios, canalizamos nuestra energía hacia la eliminación de la pena no resuelta. Algunos sicólogos sugieren a los que sufren que se *programen* un tiempo diario de gemidos para ayudarlos en la liberación de su pena. Sin saberlo, supongo que eso es lo que hacía antes de que lo hubiesen descubierto los «expertos».

A pesar de que mis períodos de gemidos me ayudaban a liberar las enormes reservas de pena acumulada, no evitaron que me deprimiera. Finalmente, Bill me envió a un sicólogo que me ayudó un poco, pero seguía deprimida porque no podía aplicar lo que me aconsejaba que hiciese. Intentaba explicarme que había tenido muy poco éxito en cambiar la orientación de los homosexuales y que si alguna vez Larry se pusiese en contacto conmigo, yo no debería intentar hablarle acerca de cambiar. Sencillamente, no me era posible aceptar esta idea. Sabía que Dios podía cambiar todas las cosas, y que podía poner en orden la vida de Larry si yo tan solo orara con la intensidad necesaria.

Mi diálogo con el sicólogo siguió por varios meses, pero mi depresión iba en aumento. El día que el Dr. Wells me dijo que, como había transcurrido casi un año desde que se fuera Larry, tal vez nunca regresaría, me sobrevino una depresión tan severa que le recomendó a Bill que fuese internada en Parkside West, las instalaciones siquiátricas de nuestra zona.

Bill le dijo al Dr. Wells que no tenía la seguridad de que su seguro médico me cubriese a mí y que de no ser así, nos arreglaríamos en casa, ya que «en realidad no tiene un comportamiento agresivo ni nada por el estilo».

Justo cuando empezaba a deshilacharse la punta de mi soga, aprendí otra lección clave acerca de la pena: Aprendí a confiar DE VERAS, a dejar TOTALMENTE lo que causaba mi pena, en las manos de Dios.

Esa lección me la dieron al día siguiente, cuando conduje mi automóvil hasta un elevado viaducto cercano a Disneylandia, con la intención de girar con fuerza el volante, pasar por encima de la barrera de contención y precipitarme unos quince metros hacia lo que esperaba fuese mi muerte. Pero al aproximarme a la cima, comprendí dos cosas:

1. Una caída a quince metros en un automóvil posiblemente no cumpliría por completo su objetivo. Podría quedar lisiada y tener que dedicarme a la confección de canastas en un hogar para enajenados.

2. Estaba CANSADA. Estaba cansada del sufrimiento y del dolor, cansada de tantos recuerdos agridulces, cansada de la agitación por causa de Larry. Por sobre todas las cosas, estaba cansada de decir que «lo entregaba a Dios», siendo que después, en realidad, lo volvía a tomar y cargaba con el peso. Estaba harta de ser una sombra de lo que solía ser, incapaz de deshacerme de la pesadez que me embargaba el alma.

Fue en ese momento que decidí «clavar a Larry a la cruz» y, en mi imaginación, eso fue exactamente lo que hice. Saqué un martillo y lo clavé a la cruz mientras expresaba esta oración de entrega: «Ya no puedo controlar más este asunto, Señor... te lo entrego a ti, y si nunca regresa a casa y nunca lo vuelvo a ver, *haz lo que quieras, Señor*. Ocurra lo que ocurra, ¡lo clavo a la cruz y te lo entrego a ti!»

En realidad no estoy segura de lo que ocurrió ni por qué, pero creo que las palabras clave fueron: «Haz lo que quieras, Señor». Alguna cosa pasó al rendirme finalmente a Dios y decirle que ocurriera lo que ocurriera, que decidiera lo que decidiera hacer o dejar de hacer, yo lo aceptaba. Estaba demasiado cansada para continuar peleando, forcejeando y agitándome. Aceptaría lo que Él decidiera enviarme.

Cuando dije: «Haz lo que quieras, Señor», fueron liberadas millones de salpicaduras de gozo de la profundidad de mi ser. Dejaron de molestarme los dientes, desapareció el felpudo de mi garganta, se fue el elefante que había estado sentado sobre mi pecho durante casi un año, así como también ese cuchillo que se retorcía cercano a mi corazón. Giré el auto en sentido contrario y regresé a casa para reiniciar la vida.

Entiendo que lo que me sucedió, no necesariamente es lo que le sucede a todos los demás. El decir «haz lo que quieras, Señor» no obra ninguna magia ni es algo superespiritual. Sin embargo, la clave es rendir lo que esté causando nuestro dolor. Esto es especialmente cierto si se trata de un ser querido que está viviendo en rebeldía. Cuando dije «haz lo que quieras, Señor», me identificaba con Job quien dijo: «He aquí, aunque Él me matare, en Él esperaré[...]» (Job 13.15). Por causa de haber perdido todo (con excepción de mi mente y también eso se me estaba escapando poco a poco), llegué al punto donde podía decir: «Haz lo que quieras, Señor» en lugar de decir: «¿Por qué yo?»

Esa era la clave. Personalmente le entregué mis esperanzas... mis planes... mi vida... MI HIJO. Comprendí que no tenía la capacidad de componerlo, de hacerlo regresar, ni de cambiarlo. Sólo el toque de Dios sobre su vida podía lograr esas cosas. Como dicen las Escrituras, Dios es quien se encarga de quitar el corazón de piedra y poner en su lugar uno de carne.[3] Al fin y al cabo comprendí que lo único que podía hacer era *soltarlo*, entregárselo a Dios y permitir que Él obrara en la vida de Larry.

Haz la prueba de entregarle a Jesús tu paquete de regalo

Tengo perfecta conciencia de lo difícil que puede resultarte imaginar cómo harás para soltar y entregar a tu hijo u otro ser amado a Dios. El acto de «clavarlo a la cruz» tal vez no resulte para ti como resultó para mí aquel día que me encontraba al borde del suicidio. Una forma de encararlo es imaginándote que estás poniendo a tu ser amado en un paquete de regalo. Luego, en tu mente, envuelve el paquete con un hermoso papel y átalo con una cinta.

Acto seguido, imagina una larga escalinata. En la parte superior está el trono de Dios, donde se encuentra sentado Jesús. Imagina que subes por esa escalera, cargando tu paquete hermosamente envuelto. Al llegar arriba, deposítalo a los pies de Jesús y espera hasta que Él se incline para levantarlo y colocarlo sobre sus rodillas. Imagínate a Jesús que abre el paquete y toma en sus brazos a tu ser amado para sostenerlo cerca de Él.

Debes estar seguro de que Jesús tiene aferrado a tu ser amado y debes creer que *nunca* lo soltará. Has entregado a tu ser amado a Jesús. Él se hará cargo. Ahora llega el momento crucial. Una vez que hayas entregado tu regalo a Jesús, gira en sentido opuesto. Luego baja nuevamente por las escaleras. A mitad de camino, tal vez desees hacer una pausa y observar que tu ser amado está protegido en los brazos de Jesús. Tal vez

desees oír, en el oído de tu mente, que Jesús diga: «Nadie jamás quitará de mis manos este ser precioso y nunca habré de soltarlo».

Al bajar las escaleras, agradece a Dios por tomar control. Luego escúchate al hacer la siguiente oración: *Señor, trato hecho. Te he entregado a (nombre) y le he quitado de encima mis manos. Haz Tu obra en su vida según te plazca.*

Creo que este tipo de ejercicio da resultado en la entrega de cualquier ser querido, ya sea un hijo en franca rebeldía, alguien que ha hecho malas decisiones o que ha cometido errores o alguien que es víctima de una enfermedad crónica o de una herida que ha provocado incapacidad. El punto en cuestión es que una vez que realices ese ejercicio mental y que formules esta oración, no es necesario que sientas que de allí en adelante todo depende de ti. Cuando sientas tentación de volver a ejercer el control, debes practicar este pequeño ejercicio del pensamiento y recuerda ese momento preciso cuando presentaste a tu ser amado al Señor como regalo y Él lo recibió con su amor tierno y eterno.

El bosquejo sencillo de la página anterior podría ser copiado y colocado en un sitio prominente para recordarte continuamente que has entregado a tu ser querido a Dios. Él se encuentra seguro en los brazos de Jesús y puedes seguir realizando las tareas que Jesús desea que hagas en lugar de intentar llevar cargas que son demasiado grandes.

La perspectiva eterna marca la diferencia

Uno de los motivos por el que me gusta el ejercicio mental de colocar a un ser querido en las manos de Jesús es porque pone en el centro la PERSPECTIVA ETERNA que necesitamos si hemos de superar la desilusión y la angustia. No existe mejor manera de salir del pozo ciego que mediante el uso de la soga de la perspectiva eterna, saber que «ESTE NO ES EL FINAL». Lo que está sucediendo es sólo temporal y pasará. Tener una perspectiva eterna significa mantener siempre un pequeño y angosto espejo retrovisor, y a la vez un parabrisas grande y ancho para poder ver el camino que está por delante y para mirar hacia lo que nos aguarda en el futuro. Ciertamente no puedes ver el futuro inmediato: mañana, el mes próximo o hasta unos años más adelante. *Pero sí sabes que a la larga serás un vencedor.*

Nunca me ha atraído el enfoque de los que dicen «dilo y reclámalo». ¿Quién de veras quiere o necesita esto? Nuestra promesa eterna es tan grande, gloriosa y tan plena de brillo cegador que el triste presente palidece en comparación. El presente es una mirada fugaz al verdadero significado de la vida. El futuro es el cuadro completo. Y al soportar angustias temporarias obtendremos una percepción mucho más clara y comprenderemos que:

LA CORONA DE HIERRO DEL SUFRIMIENTO
PRECEDE A LA CORONA DE ORO DE LA GLORIA.

Hace unos cuantos años, mi nuera, Shannon, dibujó un bosquejo como el que está en la página 73. Desde ese entonces Bill ha impreso miles de esas hojitas para enviar a las personas que los Ministerios Espátula ayudan. Les digo a las muchachas que coloquen este cartelito en sus refrigeradores o en algún otro sitio visible para recordarles que siempre digan: «¡HAZ LO QUE QUIERAS, SEÑOR!»

Desde que empezamos a enviar esos cartelitos, alrededor de cuarenta mujeres me han enviado esta frase impresa en vasos, en servilletas y bordada en punto cruz... casi de cualquier modo que se te pueda ocurrir. Cuando visito los hogares de las mujeres que forman parte de nuestra familia de Ministerios Espátula, a menudo encuentro la hoja prendida de su boletinero o enmarcado y colgado sobre la pared.

Ella cambió pero su hijo no

Recientemente una dama se me acercó al finalizar una conferencia y me dio un sobre que contenía una nota y un billete de veinte dólares. La nota decía:

Cuando estuviste aquí cinco años atrás, mi hija había abandonado a su esposo y a sus dos hijos y declarando que era lesbiana. Hablaste conmigo y me diste tu libro. Se suponía que te enviara el dinero para pagar por él.

Debido al enojo, porque mi hija no cambió, no lo envié. Mi hija aún no ha cambiado, pero yo sí. Se lo he entregado todo a Dios y lo he dejado allí. Aquí está el dinero por el libro.

Con amor en Cristo,
Sally

Me encanta la carta de esta mujer, no porque al final pagó por el libro, sino porque vio que la tarea que *nos* corresponde es amar a la gente y cambiarla es la tarea que le toca a *Dios*. Los padres naturalmente desean producir cambios inmediatos en las vidas de sus hijos, pero Dios no nos ordenó cambiarlos. Él sólo nos dio la orden de AMARLOS. Es Dios quien efectúa los cambios en CUALQUIERA de nosotros.

Muchos padres tienen lo que algunos sicólogos denominan la «fantasía del rescate». Desean reorganizar las vidas de sus hijos y aportar el final feliz, pero eso no es lo que Dios nos ha dicho que hagamos. Lo mejor que podemos hacer, aparte de escuchar a los que sufren y llorar con ellos, es señalar el camino hacia el Único que en realidad puede dar sanidad. A menudo les digo a los padres que no se olviden de decirse:

NO LO PROVOQUÉ,
NO LO PUEDO CONTROLAR,
NI LO PUEDO CURAR.

¡Pero Dios sí lo puede! Tenemos dos opciones al enfrentarnos al sufrimiento y a la tragedia: encerrarnos y amargarnos, alcanzando la vejez antes de tiempo y muriendo por dentro, o extendernos hacia Dios y crecer en nuestro interior. Contamos con la promesa de Dios que dice que esto sucederá y que «ninguna palabra de todas sus promesas que expresó[...] ha faltado» (1 Reyes 8.56).

El amor es el pegamento que repara los corazones quebrantados

El camino hacia la recuperación no se caracteriza por ser en línea recta y ascendente. Pero se inicia al darnos cuenta que debemos comprender que *no siempre es necesario comprenderlo todo*. En ocasiones será cuestión de dar tres pasos hacia adelante y uno hacia atrás. O en otras instancias la esperanza reinará por la mañana sólo para ser vencida por la desesperanza antes de la puesta del sol. Múltiples emociones, tales como ira, depresión, ansiedad y amargura se desplazarán de unas a otras a través de tu mente, impidiendo que pensemos de modo lógico o que tomemos decisiones cabales.

Cada día se convierte en un nuevo desafío a vivir sin volver a caer en ese pozo ciego de estupor impotente. Estamos en paz durante unos pocos días y luego, repentinamente, la soledad y el vacío nos vuelven a invadir. Es posible que observemos el calendario y descubramos que es el cumpleaños de una hija distanciada. O tal vez veamos en la calle alguna persona que se parezca al hijo por el que penamos. Eso era lo que me pasaba. Me encontraba en un centro de compras y veía a la distancia un joven que traía puesta una camisa deportiva exactamente igual a una que tenía Larry. El simple hecho de ver esa camisa producía olas de angustia dentro de mí. Mi fortaleza se evaporaba y por el momento quedaba derrotada y rompía en llanto.

En ocasiones tu período de recuperación se parecerá a una montaña rusa con muchos altibajos. A veces desearás gritar porque te parecerá que se está desfondando, que la precipitación paralizante nunca acabará, que te encuentras por completo fuera de control. Pero entonces sentirás que el dolor va menguando, que la herida comienza a sanar y la vida se volverá un poco más brillante porque tienes un atisbo de esperanza. Y una vez que alcances ESO, estarás bien encaminado, pues la esperanza es difícil de matar.

Hay un refrán que dice: «La esperanza es eterna». Esperamos aun cuando se supone que toda esperanza se ha desvanecido. Tenemos esperanza aun cuando los demás se han dado por vencidos. La esperanza puede subsistir virtualmente sin refuerzos. La esperanza puede reparar tu corazón quebrantado... si entregas a Dios TODAS las piezas.

Podemos enfrentarnos a lo que sea, una vez que hayamos rendido nuestras vidas y las vidas de nuestros seres queridos a Dios. Él es el Dios en quien podemos confiar para recibir fortaleza cada día (véase Deuteronomio 33.25). Él es quien tiene todo el amor y la comprensión, el que tiene para nosotros un propósito claro y eterno. Podemos confiarle todos nuestros problemas, todas nuestras angustias y, en especial, todas nuestras ansiedades a largo plazo. Cada mañana al despertarnos con una salpicadura de gozo podemos decir: «¡HAZ LO QUE QUIERAS, SEÑOR!»

Salpicaduras...

LA LLUVIA CAE SOBRE EL JUSTO Y TAMBIÉN SOBRE EL IMPÍO,
PERO MAYORMENTE SOBRE EL JUSTO,
PORQUE EL IMPÍO LE ROBA EL PARAGUAS AL JUSTO.

* * * * * *

EL CAMBIO ES UN PROCESO, NO UN ACONTECIMIENTO.

* * * * * *

SIEMPRE ESTAMOS EN LA FRAGUA O EN EL YUNQUE;
MEDIANTE LAS PRUEBAS DIOS NOS ESTÁ FORMANDO
PARA COSAS MÁS ELEVADAS.

* * * * * *

¡HAZ LO QUE QUIERAS, SEÑOR!

* * * * * *

¡LLEVA TUS SUEÑOS DESTRUIDOS A JESÚS!

Sostiene Jehová a todos los que caen, y levanta a todos los oprimidos (Salmo 145.14).

Adondequiera que vaya, allí estoy

*Si existe dentro de mí la capacidad de hacer
capullos, tal vez haya allí también lo que
haga falta para hacer mariposas.*
Trina Paulus[1]

Caer en un pozo ciego no hace nada por mejorar la imagen que tenemos de nosotros mismos. Cuando la desilusión y el rechazo invaden nuestras vidas, a menudo nos roban también de nuestra autoestima. Muchas personas me escriben para contarme lo que se siente al ser destruida su autoestima. Rara vez utilizan los términos «imagen propia» o «autoestima», pero de eso nos hablan sus cartas.

Una madre de una hija y un hijo adultos nos escribió para contarnos que primeramente su hija proclamó su homosexualidad al ir a vivir con una amiga que tenía un pequeño hijo. Ni esta madre ni su esposo podían aceptar el estilo de vida escogido por su hija y le escribieron cartas para decirle que la amaban y que siempre sería bienvenida en su hogar, pero no así el resto de su «familia». La hija respondió que apreciaba las cartas, pero que no veía con frecuencia a sus padres y que lamentaba que se perderían de disfrutar a su familia, especialmente al nuevo «nieto». Y les comunicaba que no estaría en casa para Navidad.

Sintiendo cierta reserva de parte de su hijo, le preguntaron lo que él pensaba acerca de la decisión de su hermana. Fue allí que les comunicó que él también era homosexual. La carta de la madre decía, en parte:

> Bárbara, *verdaderamente deseo presentar mi renuncia como madre*. Estoy lista para ir a estar con Jesús. ¡NO QUIERO QUE MI ÚNICO HIJO Y MI ÚNICA HIJA SEAN HOMO-SEXUALES![...] Quiero tener nietos; deseo que seamos una familia americana «normal». No deseo sufrir esta culpa, este dolor, esta vergüenza y esta aflicción. No quiero que este pequeño pueblo murmure y cuente chismes acerca de mis hijos. No quiero que los ojos de mi esposo expresen dolor y culpa cuando intenta ser fuerte para mí[...]
>
> A menudo las personas han contado con mi fe, mi interés y preocupación y también mi buen ánimo para ayudarlos. Soy profesora de piano y de canto y mis cuarenta estudiantes son amigos además de estudiantes. Ahora me siento como un «zombi» en el estudio. Canto en el coro y como solista en otros grupos. Siento que soy un fraude... Tengo 54 años y me pregunto de qué valió todo. ¿Qué cosa logró mi vida? Jamás me he sentido tan inútil e impotente.

Otra madre, desde Arizona, escribió para decir que había pasado más de un año desde la llegada de la carta de su hija menor que anunciaba: «Lo que necesito decirte es que soy lesbiana. Ya está. ¿Y ahora, para dónde voy?» A continuación, la carta de la madre decía:

> Nuestras vidas ya nunca serán iguales. Siento que he perdido autoestima y necesito esforzarme para sobreponer-me a esta sensación de letargo. Estoy tomando un antide-presivo, pero debo esforzarme constantemente para reali-zar mi trabajo.

Esa sensación de letargo también abruma a una mujer que escribe una columna para el periódico de su localidad. Su esposo había muerto y también había perdido a una hermana que había sufrido mucho dolor durante dieciocho años por causa del mal de Alzheimer. Luego un hijo se divorció y los dos hijos de él sufrieron horriblemente por causa de esto. Su carta decía:

> Solía hablar a mujeres acerca de la belleza y cómo lucir lo mejor posible. Necesito hacer algo, pero mi batería está agotada. Gimo. Oro. Me siento completamente sola. No tengo familia inmediata. Amigos... sí... pero aun así estoy t-a-a-a-n sola.
>
> ¿Ahora para dónde voy? Soy escritora. Mis columnas son de ayuda para las personas, pero nada me ayuda a mí.

No es raro recibir cartas de esta naturaleza; son representativas de muchas que llegan continuamente. Cuando tu autoestima está hecha jirones, te asaltan deseos de decir:

SOLÍA SER APÁTICA.
¡AHORA NADA ME IMPORTA!

La autoestima es como un taburete de tres patas

Todos elaboramos un cuadro mental de nosotros mismos. Ese cuadro es nuestra imagen propia y obraremos de acuerdo con lo que veamos en ese autorretrato mental.[2] Otra manera de describir la autoestima es sencillamente lo que sientes con respecto a ti. ¿Te quieres o sientes desagrado por ti? Gran parte de la pena que me cuentan es del tipo que puede causar que una persona sienta desagrado por ella misma. Puede hacer que se sienta inútil, impotente y a la deriva, que no pertenece a ninguna parte.

Una buena manera de describir lo que nuestra autoestima hace por nosotros es imaginarnos un taburete de tres patas, donde cada pata representa un sentimiento importante que tenemos con respecto a nuestra propia persona:

1. Pertenezco.
2. Valgo.
3. Soy capaz.[3]

Pertenecer es sentirse querido, amado, cuidado, aceptado. Una mujer me escribió para contarme lo que se siente cuando *no* se pertenece:

Tengo 40 años y nueve hijos. Mi esposo me dejó por otra mujer hace cuatro años cuando llevaba un mes de embarazo de mis *mellizos* de tres años. No recibo ningún tipo de apoyo emocional de parte de mi familia... mis hijos mayores me evitan porque sufro ataques de pánico. No puedo conducir mi automóvil. No salgo de casa porque temo sufrir un ataque de pánico y no poder regresar.

Piensan que ya he perdido la razón, pero sé que si no recibo ayuda pronto *sí* la perderé.

¡SOCORRO!

La mayoría de nosotros en algún momento nos hemos sentido como esta mujer. Cuando me enteré que la homosexualidad formaba parte de nuestra familia, me sentí como un ser de otro planeta. No podía relacionarme con nadie y nadie se estaba relacionando conmigo. Mis sentimientos de autoestima estaban totalmente aplastados. Pero ha habido otros momentos, tal vez no tan serios y en ocasiones hasta cómicos, cuando mi autoestima ha sido bastante lastimada.

Cuando salió a la venta mi primer libro *Where Does a Mother Go to Resign?* [¿Adónde va una madre para presentar su renuncia?], no estaba para nada familiarizada con lo que significaba ser una autora. Verdaderamente no sabía qué hacer cuando se me acercaba la gente, me abrazaba, me agradecía y me pedía que le autografiara su libro con una dedicatoria «especial para ellos». ¿Se suponía que anotase un versículo de la Biblia o solamente su nombre y el mío? ¿Debía agregar unos pensamientos espirituales? El hecho de ser autora me dejaba un poco perpleja.

El libro había estado a la venta sólo unas pocas semanas cuando me detuve en una gran librería cristiana en el condado de Orange, California, para realizar varias compras. Al hojear varios libros diferentes, noté que los autores los habían firmado en la guarda. Como tantos autores viven en el área del condado de Orange, supuse que al visitar aquel negocio simplemente habían firmado sus propios libros para que los compradores pudiesen obtener una copia personalmente autografiada.

Luego me encontré con una gran pila de MI libro, todos en fila sobre un estante marcado «Nuevas publicaciones». Saqué mi bolígrafo y empecé a escribir mi nombre en la guarda del libro. Mientras firmaba alegremente, disfrutaba de imaginar lo sorprendidos que estarían los compradores al adquirir el libro ¡para luego descubrir que ya había sido autografiado!

Repentinamente, un joven alto y de apariencia seria puso su mano sobre mi hombro y dijo con voz severa: «¡Señora, aquí no permitimos que la gente mutile nuestros libros!»

Miré al joven y pensé de qué modo responder. ¿Debería mostrarle mi licencia de conducir para probar mi identidad? ¿Debería garabatear en uno de los libros como acto de desafío? O tal vez debería escurrirme sin dar palabra alguna de explicación. Me sentí tan indigna en ese momento. Después de todo, el libro acababa de salir de la imprenta y si provocaba un gran altercado con una librería cristiana por causa de la «mutilación» de su mercadería, ¿en qué acabaría todo eso?

Decidí que sencillamente saldría de allí y lo hice sin decirle al joven quién era yo. ¡Supongo que pensé que eso sólo empeoraría el asunto! De todos modos, sabía que no pertenecía allí en ese momento simplemente porque no era ACEPTABLE.

Sentirse digno o apreciado es sentir que vales, que estás haciendo lo correcto, no lo incorrecto, que eres una buena persona, no una mala persona. La carta de una mujer describe de qué se trata el hacer que nos sintamos inútiles:

Por ser de una familia cuya hija es homosexual, hemos sido inundados de emociones... Vivimos en una pequeña comunidad agrícola donde hay tres iglesias y todos están enterados de los asuntos de los demás. Es más, todos están relacionados de una manera u otra. ¡Supongo que puedes adivinar lo que sucedió cuando descubrimos que Cindy había adoptado un estilo de vida homosexual!

Vino un evangelista a nuestra iglesia e hizo esta declaración: «Siempre que un hijo se vuelva homosexual y vuelvo a repetir, SIEMPRE, sea varón o mujer, siempre es por culpa de la madre». Justo lo que me hacía falta para colmar la medida.

Las palabras desafortunadas (y completamente alejadas de la verdad) del evangelista le produjeron a esta madre un daño indecible. Le contesté diciéndole que el problema de su hija NO ERA CULPA SUYA. Una de mis tareas de mayor envergadura es la de asegurar a los padres que cuando sus hijos tienen un problema o deciden desviarse de sus enseñanzas, no es necesario que se sientan culpables. (Hablaré más sobre este tema en el capítulo 8.)

Sentirse capaz significa que sabes que lo puedes hacer... estás en condiciones de enfrentarte a cualquier cosa que la vida te pueda traer. Sabes que tienes la fuerza necesaria. Tienes confianza. Una madre, cuyo hijo aparentemente se ha «casado» con su amante homosexual y ahora usa un anillo en su nariz como así también varios aros en su oreja, me escribió para contarme que su mundo se desmoronaba y todo estaba fuera de control:

Creo que no me causaría más dolor el que se pusiese zapatos de clavos y me incrustara con ellos en el suelo, o que me clavase un cuchillo y lo retorciese... Bárbara, por favor, di algo que me ayude a retomar el control. Pensé que andaba bien y ayudaba a otros en la misma situación. Pero ahora siento que vuelvo a hundirme.

Mi consejo para esta madre fue que, aunque su hijo no se comportaba como adulto, igualmente lo era y debía tomar sus propias decisiones. Como padres no siempre podemos modificar la conducta de nuestros hijos, en especial cuando son adultos. Tampoco podemos permitir que el pecado de un hijo cause dificultad a toda la familia. Su hijo había tomado unas decisiones malas, pero CUANDO NO HAY CONTROL, TAMPOCO HAY RESPONSABILIDAD. Ella no era culpable por el comportamiento de su hijo; lo que debía hacer era resistirse a caer nuevamente en un pozo ciego de derrota.

Oré con esta mamá y le pedimos a Dios que la ayudase a superar este contratiempo temporario. En ese momento se encontraba desequilibrada y profundamente herida, pero lograría superarlo. No siempre se sentiría de este modo si lograba mantenerse aferrada a esa «soga de esperanza».

Creo que en casos como este se aplica la siguiente frase:

LA GENTE LASTIMADA LASTIMA A LA GENTE.

El hijo de esa madre sufría por dentro, y estaba dando golpes con la intención de lastimar a algún otro, lo cual es típico. Si recordamos que las personas que han sido lastimadas a menudo reaccionan dando golpes para lastimar a otros, eso nos ayudará a mostrar compasión. La condenación no dará resultado. El único modo de que alguno cambie es por medio de la convicción de pecado, la cual viene de adentro.

Ten un alto concepto de ti mismo... pero no muy alto

Uno de los mejores versículos que he leído en referencia a la autoestima es Romanos 12.3 (NVI): «Nadie tenga un concepto más alto de sí del que debe tener, sino más bien tenga un concepto equilibrado, de acuerdo con la medida de fe que Dios le haya dado». Algunos cristianos creen que este versículo dice que no debemos preocuparnos por la alta autoestima, que no debemos tener un alto concepto de nosotros mismos, que debemos rebajarnos para ser lo suficientemente modestos y humildes para que Jesús nos acepte. Pero si volvemos a observar Romanos 12.3 vemos que no dice: «Nunca tengas un concepto alto de ti, pues es pecado». Lo que sí dice es: «Ten un alto concepto de ti, ten autorrespeto, pero no te vuelvas engreído ni egoísta».

Como dice Josh McDowell: «En otras palabras, deberíamos

ser realistas y bíblicos en nuestras opiniones acerca de nosotros[...] Debemos de desarrollar una saludable imagen propia o autoevaluación que coincida con lo que Dios dice respecto a nosotros[...]» Luego dice:

UNA IMAGEN PROPIA SALUDABLE ES VERNOS
COMO DIOS NOS VE[...] NI MÁS NI MENOS.[4]

Así que, sin importar lo que haya sucedido, sin importar cuánto se haya alejado o rebelado uno de tus hijos, sin importar lo mal que te hayan tratado tu cónyuge u otros miembros familiares, aún eres hijo de Dios, conformado a su imagen y muy precioso para Él. Eres un hijo o una hija del Rey... perteneces a la realeza. Alguien envió la siguiente poesía, que lo expresa muy bien:

Cuando el *hijo* de Dios
observa la *Palabra* de Dios
y ve al *Hijo* de Dios
es *cambiado* por el *Espíritu* de Dios
a la *imagen* de Dios
para la *gloria* de Dios.

Una de mis calcomanías predilectas dice: «La vida es difícil y luego te mueres». En realidad, esa es la BUENA noticia porque cuando mueren los cristianos se acaban las luchas de la vida y vamos para estar con el Señor. Pero el motivo por el cual tantas personas tienen pobre (poco saludable) autoestima es porque «la vida es difícil y debemos vivirla de todos modos». Tal como dice Ashleigh Brilliant:

ES FÁCIL IR Y VENIR;
LO DIFÍCIL ES PERMANECER.[5]

Pero justamente la vida se trata de permanencia. Nunca podremos elevar la autoestima si culpamos a las circunstancias o a otras personas por nuestros sentimientos. Por ejemplo: algunos de nosotros culpamos de nuestra baja autoestima a nuestros padres y es cierto que las madres y los padres, más que nadie, pueden hacer mucho por destruir (o edificar) la autoestima de un niño. Mi esposo Bill, sabe bastante acerca de eso.

A pesar de todo Bill llegó a ser un as

Hace unos años, Bill y yo asistimos a un seminario de comunicación dictado por Norman Wright y una de nuestras tareas era: «Anota algo que recuerdes que haya hecho tu padre para elogiarte o algo bueno que haya dicho con respecto a ti».

Escribí varios recuerdos que tenía de cuando mi papá me había animado, pero Bill permaneció sentado sin escribir nada en su papel. Yo sabía lo que estaba pensando. Provenía de una familia muy rígida y era hijo único. Su padre, en particular, nunca demostraba mucha emoción ni hacía nada por animarlo.

Durante la Segunda Guerra Mundial, Bill entró a la Marina con el fin de convertirse en aviador. Su padre le dijo que NUNCA lograría llegar a ser un aviador en la Marina, pero él lo logró con creces. Durante la guerra, llegó a ser un «as». De acuerdo con la política del gobierno, un as es cualquier aviador que tumba más de seis aviones enemigos y Bill derribó siete. Fue condecorado dos veces con la Distinguished Flying Cross [Cruz de Aviación Distinguida]. También se le otorgaron dos medallas aéreas, el Purple Heart [Corazón Púrpura] y la Presidential Unit Citation for Bravery [Mención Presidencial a la Unidad por Valor].

A pesar de todos los logros y honores que ganó Bill, ni una vez admitió su padre que se había equivocado con relación a su hijo ni tan siquiera lo felicitó por su récord admirable como aviador de la Marina de los Estados Unidos.

Por eso no resultaba sorprendente que Bill tuviera que permanecer sentado y pensar durante varios minutos antes de recordar algo que hubiese dicho alguna vez su padre con el fin de llenar su tanque emotivo. Finalmente, justo antes de que comenzásemos a conversar acerca de lo que habíamos escrito todos, Bill anotó esto:

> Una vez, cuando tenía aproximadamente cinco años, viajaba en el asiento posterior del automóvil y mi padre y mi tío estaban en el delantero. El sombrero de mi tío salió volando por la ventana abierta y él giró y comenzó a culparme de haber lanzado su sombrero hacia afuera. Pero mi padre dijo: «Billy no tiró tu sombrero por la ventana».

Esto fue lo ÚNICO que pudo recordar Bill que hubiese dicho alguna vez su padre con el fin de defenderlo o de decir algo aunque fuera remotamente positivo acerca de él. Pero lo bueno de todo esto es que a pesar de nunca haber recibido aliento de parte de su padre, Bill no permitió que eso lo abatiera. No permitió que destruyera su autoestima. Siguió adelante y convirtió su vida en un tremendo éxito. De algún modo supo que era valioso y capaz. Eso posibilitó que triunfara.

La verdad es que cada uno de nosotros es especial, un producto fuera de lo común hecho por Dios y tal como dice el muy conocido refrán:

DIOS NO FABRICA CHATARRA.

Él aún no ha acabado con ninguno de nosotros

Dios no sólo te hizo especial, aún sigue su obra contigo y dentro de ti con el fin de lograr su buena voluntad. Aún no ha acabado contigo.

Cuando mi hijo, Larry, estaba en la facultad, un profesor asignó a su clase de sicología la siguiente tarea: «Pónganse de pie delante de un espejo de cuerpo completo. Hagan una autoevaluación de lo que ven».

Como respuesta, Larry entregó un ensayo que en parte decía:

Esta tarea en particular me creó un problema. Someterme a esta tarea violaría mis propias convicciones personales. Le he dedicado mi cuerpo al Señor Jesucristo y al hacer esto me resulta imposible cumplir exactamente con la tarea asignada. He tenido presente su meta de autoevaluación y quisiera expresarle lo que he aprendido acerca de mí[...]

Considero que Dios es mi hacedor. Es el artista que trabaja en mi vida, y está más preocupado por mi cualidades internas, por edificarme para que llegue a ser una estructura que perdure. Otros están de paso y no comprenden los propósitos ni las habilidades del Creador en el patrón de mi vida. Por lo tanto, no me corresponde juzgar la obra inconclusa de Dios por un hecho sumamente vital: ¡DIOS AÚN NO HA ACABADO CONMIGO!

Una cosa es ser descriptivo y otra muy distinta es emitir juicios. Siento que la información que solicitó haría ambas cosas. Al describirme según me fuera asignado, estaría comparándome con las normas de otros en lo que se refiere a mi estatura, corpulencia y conformación...

He descubierto que me formo una imagen propia NEGATIVA al aceptar los valores de las personas que me rodean, en cambio se desarrolla una imagen propia POSITIVA y precisa cuando comprendo los valores que Dios asigna a mi apariencia, mis habilidades, mi parentela y al ambiente que me rodea. Las opiniones de otros generan inferioridad, inseguridad y rechazo. Sin embargo, como tengo confianza en los principios y el diseño de Dios, entiendo y alegremente acepto los valores que Él asigna a mi vida, porque puedo ver lo que quizás le suceda a una vasija que Dios está formando para ser usada por Él[...]

Usted me pide que le diga lo que se hizo con el fin de conocerme yo mismo. Hice dos cosas. Comencé con una relación personal con Dios. Acepté su plan y propósito para mi vida. Permití que Dios se hiciese cargo del diseño y le agradecí por su obra efectuada hasta el momento. Comprendí que Dios aún no había acabado conmigo, y comencé a tener una nueva confianza y expectativa por lo que Él hará en el futuro.

Ahora puedo dar gracias a Dios por su amor constante por mí y por su Hijo que murió por mí para que yo pudiese vivir[...] y por sobre todo, por saber que mi vida está siendo constantemente moldeada por Él hasta llegar a ser un objeto útil. Dios es el alfarero y yo soy la arcilla. Soy un producto de su diseño y mi vida refleja su obra, y ÉL AÚN NO HA ACABADO CONMIGO.

Todos estamos en el mismo camino

Aun cuando no cumplió con la tarea según se le asignó, Larry obtuvo igualmente una buena calificación. Tal vez su profesor se dio cuenta de que lo que dijo Larry acerca de sí resulta cierto para todos. Dios aún no ha acabado con ninguno de nosotros. Sí, Él desea hacer cambios y reformas, pero lo hace porque le pertenecemos, somos de infinito valor para Él y ve tremendo potencial en lo que podemos hacer.

En un viaje que hice a Texas, Kentucky, y el estado de Washington, fue maravilloso conocer a tantas mujeres que se han convertido en parte de los Ministerios Espátula. Una vez más comprendí cómo estamos todos unidos por aflicciones y cómo el amor de Dios nos aporta el toque de sanidad, quita el dolor y nos ayuda a seguir avanzando por el sendero hacia la sanidad.

Mientras realizaba ese viaje, me encontraba en la carretera 395 en Spokane. Sabía que Barney y su familia viven en su nueva casa sobre la carretera 395 en Nevada, a varios cientos de kilómetros hacia el sur de donde me encontraba. Llamé por teléfono a Barney y cuando me contestó dije: «Estoy aquí arriba en la carretera 395... ambos estamos en la misma ruta».

Barney se rió y dijo: «Es cierto. Sólo que estás mucho más al norte... ¿más cerca del cielo, tal vez?»

Tuvimos una linda visita telefónica y nos reímos bastante, y luego empecé a pensar que así es la vida. TODOS transitamos el mismo camino. Algunos ya no estamos donde estábamos. Hemos avanzado superando los sitios escabrosos. El amor redentor de Dios nos ha reunido para perdonarnos por nuestros errores, limpiarnos y luego enviarnos a seguir avanzando por el camino, compartiendo juntos mientras andamos.

Esa es una salpicadura de gozo que debería edificar la autoestima de cualquiera, pero, tal como dijo alguien:

> NADA HACE ZOZOBRAR UNA TEORÍA
> COMO UN POCO DE EXPERIENCIA.

Es muy saludable y bueno saber que estás en el mismo camino de los demás, ¿pero qué hacer con la sensación de haber sido recién atropellado? Personas hermosas, capaces, a las que nunca les ha salido nada mal, tienen la habilidad de hacer eso sin siquiera proponérselo. Tal vez, como yo, te identificas con la mujer desconocida que escribió lo siguiente:

¿Estás pasando por un día difícil?

Cuando leo acerca de una mujer que está totalmente centrada en lo que respecta a su carrera, me siento orgullosa... y voy a casa y me como un pote de crema batida.

Cuando leo acerca de una mujer que tiene una relación perfecta con un hombre sensible que la apoya... voy a casa y me como un pote de crema batida y pego un alarido.

Cuando leo acerca de una mujer que tiene hijos adorables y bilingües, y que mantiene en forma regular conversaciones francas y amorosas con su madre... escribo mis frustraciones con caramelos y luego me los como de a un párrafo por vez. Esta mujer ideal parece estar demasiado fuera de mi alcance; no hay esperanza.

Tal vez no sea realista el intentar estar a la par de alguna «mujer ideal» que tiene dones que tú no tienes. (Es posible que también tenga sus problemas... ¡aun peores que los tuyos!) Lo que debes hacer es desarrollar tu propio potencial mientras permites que Dios haga su obra en ti. En realidad, tú y Dios forman un equipo. Como dijo Pablo en la apertura de su carta a la iglesia en Filipos: «Estando confiado en esto: que el que comenzó la buena obra en ustedes la llevará a cabo hasta el día de Cristo Jesús» (Filipenses 1.6, NVI).

Más adelante dice Pablo: «Sigan realizando su salvación con temor y temblor, pues Dios es quien produce en ustedes tanto el querer como el hacer según su buena voluntad» (Filipenses 2.12,13, NVI).

Este versículo es la clave de la autoestima saludable (no egoísta). Pablo dice que debemos estar disponibles en lugar de achicarnos o recluirnos como hice yo por casi un año cuando nuestro hijo, Larry, se alejó de nuestras vidas con el fin de dedicarse a un estilo de vida homosexual. Cuando finalmente le dije a Dios: «¡Lo que sea, Señor!», no sólo le entregué a Larry por completo, sino que también solté la solitaria carga que había estado llevando a solas durante todo ese tiempo. Ese día canté durante todo el camino a casa. Era la primera vez desde la partida de Larry que sentía la seguridad de que Dios aún me amaba.

Somos ópalos, no diamantes

«Ella es un diamante en bruto» es una manera familiar de decir que alguien posee el potencial necesario para llegar a ser mucho más de lo que es en el presente. Pero creo que nos parecemos más a ópalos que a diamantes. ¿Sabías que un ópalo está hecho de polvo, arena y sílice del desierto y que debe su belleza no a su perfección sino a un defecto? El ópalo es una piedra cuyo corazón está roto. Está lleno de mínimas fisuras que permiten la entrada de aire a su interior y luego el aire refracta la luz. Como resultado, el ópalo tiene matices tan bellos que a la piedra se le denomina «la lámpara de fuego» porque el aliento del Señor está en ella.

Un ópalo perderá su resplandor si se guarda en un sitio frío y oscuro, pero lo recuperará cuando se sostenga en una mano cálida o cuando la luz brille sobre él.

De muchas maneras podemos compararnos con el ópalo. Adquirimos color y brillo cuando nos calienta el amor de Dios. Podemos reflejar los hermosos matices de su luz a los demás cuando somos quebrantados por dentro (por medio de nuestros defectos). Es en ese momento que la lámpara del templo puede arder con fuerza en nuestro interior sin vacilar ni apagarse.

Aun así, habrá momentos en que perdamos el brillo en nuestras vidas y es de vital importancia saber cómo restaurarlo. Cuando la plata o el bronce se oxidan buscamos el removedor de óxido y los frotamos. ¿Qué podemos hacer cuando necesitamos restablecer el lustre de nuestras propias vidas? Podemos hacer una pausa temprano por la mañana para buscar la guía de Dios. Podemos hacer un recuento de nuestras bendiciones y nombrarlas una por una.

Una actitud de agradecimiento libera nuestras vidas de la capa de frustración, el óxido del resentimiento y del barniz de la vanidad... todos ellos destructores de la autoestima. Cuando hacemos un recuento de nuestras bendiciones, multiplicamos armonía y buenos sentimientos y la llama de la lámpara arde nuevamente con mayor fuerza.

Sin el toque de Dios en nuestras vidas, su obra en nosotros con el fin de lograr su buena voluntad, no hay brillo o hay escaso gozo. Pero cuando le permitimos que obre dentro de nosotros, cuando sentimos su mano sobre nosotros, ya no somos tesoros escondidos; nos convertimos en joyas resplandecientes que embellecen su reino.

¡Arriba, arriba y hacia adelante!

Es fácil hablar acerca de tener una buena autoestima cuando la vida te empapa de gran cantidad de salpicaduras de gozo, pero cuando te encuentras en el pozo ciego de la pobre autoestima, no es lo mismo. He estado allí y lo sé. Parece imposible salir de ese pozo ciego. Las paredes parecen estar demasiado resbaladizas y viscosas. Pero lo puedes lograr si estás dispuesto a intentar y al mismo tiempo tener fe que Dios está haciendo su obra en ti. Aquí detallo unas ideas que pueden levantarte y sacarte fuera del pozo ciego. Son ideas simples, pero son como sogas para ayudarte a trepar por las paredes resbaladizas y llegar a verte nuevamente cómo te ve Dios, ni más ni menos.

Siempre hay algo nuevo para aprender. No me refiero a física nuclear o a ciencias de la computación (a no ser que eso sea lo que en realidad deseas hacer). Me refiero a cosas más sencillas, como aprender palabras nuevas o tal vez informarte acerca de lugares lejanos y exóticos. Como viajo mucho, me gusta buscar nombres extraños de pueblos a lo ancho del país. Últimamente he creado mi propio «Mapa de la alegría» de los Estados Unidos, el cual muestra sólo los nombres de ciudades que son positivos, divertidos e inspiradores. Te contaré más acerca de esto en el capítulo 7.

El punto a destacar es que cuanto más informado estés, más vital serás, no sólo para otros sino para ti. Y al volverte más consciente de otros, tu autoestima con seguridad aumentará.

Descubre lo que edifica tu confianza y saca provecho de ello. ¿Recuerdas una de las tres patas de la autoestima? Es la idea de que «soy capaz, puedo controlar esto».

Puedes encontrar confianza en sitios extraños: en el mostrador de cosméticos con una nueva tonalidad de maquillaje o de lápiz labial, en la peluquería con un nuevo peinado o permanente, o en la tienda donde halles un nuevo vestido o suéter.

En ocasiones, cuando siento necesidad de una inyección de

confianza, saco una vieja caja de zapatos que he guardado por muchos años. Es mi «Caja de alegría» original y dentro de ella hay notas, cartas y tarjetas de saludos enviados por amigos especiales, algunos de los cuales han pasado a la Gloria. Me animo cada vez que releo las tarjetas y cartas. Es como si mis amigos especiales me hablaran. Todos necesitamos a otros que puedan nutrirnos, enriquecernos y recordarnos que nuestra amistad también es de valor para ellos.

Llamo a mis amigos especiales mi «grupo de apoyo». Todos debieran tener cuatro o cinco amigos de apoyo a los cuales pudieran llamar. Al hablar con ellos te darás cuenta por el tono de la voz que te están cuidando, que tu vida está siendo enriquecida. Tal vez sea su suave risa o alguna manera sutil de recordarte cuánto se interesan por ti. Una llamada telefónica a uno de mis amigos especiales de apoyo me restaura la confianza más que cualquier otra cosa.

Pasa tu tiempo con otros que te animen y que no te depriman. Busca amigos que te acepten tal cual eres, en lugar de rebajarte para que puedan sentirse más importantes. Si tu cónyuge o tus hijos te rebajan, hazles saber con firmeza, pero con amor, que no lo permitirás. Si tu madre (o suegra) te está enloqueciendo, pasa un tiempo razonable con ella, pero no le permitas que controle tu vida.

Enfatiza tus puntos fuertes y aléjate de tus debilidades. Todos tenemos algún área donde nos destacamos, aunque sea en algo tan simple como los crucigramas, el juego de Scrabble o atar un pañuelo con un toque especial. Si la madre naturaleza te jugó una mala pasada en ciertas áreas de tu aspecto físico, enfatiza aquellas cosas en las que se esmeró más. Tal vez sea tu cabello, tus ojos, tu sonrisa, o tu habilidad de ser bondadoso y amable. Desarrolla tu especialidad y utilízala cada día. Al concentrarte en tus puntos fuertes dispondrás de menos tiempo para prestarle atención a tus debilidades.

Una de los puntos fuertes que he desarrollado es el de entrevistar a personas, lo cual es una habilidad que hace unos años no tenía cuando empecé a trabajar como recepcionista en un centro de consejería. Mi responsabilidad consistía en entrevistar por teléfono a los pacientes potenciales y hacer los arreglos para su estadía en el centro de consejería, la cual en ocasiones se extendía durante muchas semanas. Anotaba sus historias y averiguaba en qué crisis se encontraban, cuán urgente parecía ser su necesidad y si debían ser acompañados por su cónyuge u otra persona.

Un día llamó un hombre que parecía estar muy atribulado diciendo que quería traer a su esposa inmediatamente para consejería. Al empezar a obtener de él los hechos, nerviosamente me dijo lo imposible que resultaba razonar con su esposa. Cuando ella se había negado a su sugerencia de buscar ayuda, ¡él le había afeitado la cabeza al rape de manera que estaba completamente CALVA! Mi sorpresa fue tan grande que no pude dejar de murmurar: «Bueno, ciertamente no tendremos ninguna dificultad para reconocerla, ¿verdad?»

Me ha llevado tiempo, pero desde ese día he aprendido a ser más diplomática. Ahora de veras disfruto al hablar con las personas, ayudándolas a abrir su corazón y permitiendo que me digan sus sentimientos. Todo esto también me produce buenos sentimientos hacia mi persona.

Los «yo soy» son lo que tú eres en realidad

Una cosa más que puedes hacer para edificar una autoestima saludable es convertirte en un estudiante de lo que la Biblia dice acerca de ti. La que sigue es una lista de versículos que declaran lo que eres. Estudia uno cada día durante dos semanas y cuando acabes con la lista, vuelve a comenzar... ¡o encuentra otros! Pronto estos versículos formarán parte de tu ser, parte de quién piensas que eres y de quién ves cuando miras al espejo:

Yo soy...

1. Un hijo de Dios (Romanos 8.16).

2. Perdonado (Colosenses 1.13,14).

3. Salvo por gracia por medio de la fe (Efesios 2.8).

4. Justificado (Romanos 5.1).

5. Una nueva criatura (2 Corintios 5.17).

6. Guiado por el Espíritu de Dios (Romanos 8.14).

7. Guardado en todos mis caminos (Salmo 91.11).

8. Uno que echa toda su ansiedad sobre Jesús (1 Pedro 5.7).

9. Uno que puede hacerlo todo en Cristo que me fortalece (Filipenses 4.13).

10. Uno que lleva cautivo todo pensamiento (2 Corintios 10.5).

11. Transformado por medio de la renovación de mi entendimiento (Romanos 12.1,2).

12. Justicia de Dios en Cristo (2 Corintios 5.21).

13. Imitador de Dios (Efesios 5.1).

14. Uno que está lleno de risa y júbilo (Job 8.21).

Recientemente estuve en los estudios de NBC en Burbank, California, para grabar un programa de televisión cuyo tema era el papel de la mujer en la sociedad actual. Me condujeron hasta la sala de maquillaje y me dejaron allí sola durante unos minutos. Me senté en el sillón de maquillaje de frente a un gran espejo rodeado de esas luces brillantes e inclementes. Por toda la habitación había fotos de estrellas de cine del presente y del pasado: Lana Turner, Ann Sheridan, Rita Hayworth, Loretta Young y muchas más. Pero el punto central de toda la escena era el enorme cartel colocado justo encima del espejo que declaraba en grandes letras negras:

SI NECESITAS MAQUILLAJE, PÍDEMELO.
SI NECESITAS MILAGROS, PÍDESELOS A DIOS.

Cuando miras al espejo en una ocasión como esa, siempre es bueno recordar algunos de los versículos que te dicen los «yo soy».

Arriésgate... ¡y sé libre!

También debemos recordar que la clave para salir del pozo ciego de la baja autoestima es la disposición al riesgo. En realidad, *podemos* permanecer en el pozo ciego y no arriesgarnos por nada. Es más seguro allí, aun cuando no sea agradable estar en ese sitio. Por otro lado, podemos tener la osadía de producir cambios. Como dijo Helen Keller:

LA VIDA ES UNA OSADA AVENTURA
O NO ES NADA.

Recientemente recibí una carta de una mujer que ha sufrido todo tipo de dificultades con sus hijos que ahora tienen veintidós y veintiún años. Uno de ellos se fue de la casa cuando tenía catorce años. No supo nada de él durante ocho años, y luego recibió una llamada que le comunicaba que se encontraba preso cumpliendo una condena de veinticinco años por robo a mano armada. El otro hijo es un alcohólico que ha abandonado su trabajo, su hogar, pertenencias y ha desaparecido. Ha sido emitida la orden de arrestarlo. A pesar de todos estos pozos ciegos, esta madre escribe:

Los años de mi vida han sido desdichados y autodestructivos. Pero en el fondo sabía que Dios estaba al mando y que a la larga todo resultaría bien. Esto no es una fantasía, es verdad. Por haber sufrido abuso mientras crecía, mi autoestima ha sido pobre hasta estos últimos tres o cuatro años. En mi interior hay gozo y aun en momentos amargos he podido ver humor y gozo, pero algunos de los que me rodeaban pensaban que era rara por este motivo. Al no tener fuerza personal (¿cómo podía ser fuerte sin la libertad de Jesús?) esto fortalecía mi idea de ser una persona errada y extraña. ¡Pero ahora estoy libre! ¡Cuán glorioso es estar en la luz, cuánta seguridad! Cuando siento temor, respiro lenta y profundamente y digo: «Estoy segura en Jesús».

Esta madre ha aprendido un secreto fundamental en la preservación de su autoestima hecha jirones:

JUNTA LOS PEDAZOS Y SIGUE ADELANTE.

Puedes hacer esto en cualquier situación: Cuando te golpee la verdadera tragedia o en momentos tranquilos, cuando necesites transformar un desastre menor en un final feliz. Me encontraba hablando ante un grupo grande de mujeres en un gran hotel de Texas y parecía que los problemas atacaban desde todas direcciones. En la sala contigua se llevaba a cabo un banquete donde se oían muchas canciones y música con tambores a elevado volumen. El micrófono que estaba usando dejaba de funcionar a cada tanto y, como si esto fuera poco, el aire acondicionado no daba abasto para una sala tan grande. Para completarla, las sillas eran del tipo en que sólo podías permanecer sentado veinticinco minutos sin que te asaltasen deseos de salir corriendo.

Intentando competir con la música fuerte y el micrófono descompuesto, me apuré a terminar mi relato en la mitad del tiempo que suele llevarme y tuve que dejar a un lado muchos de los detalles que por lo general contribuyen a armarlo.

Después, fui hasta el tocador y, mientras hacía uso de las instalaciones, entraron tres mujeres que habían formado parte del público. Rebosaban de expresiones tales como: «¿No te pareció GRANDIOSO?» «¿Alguna vez te reíste y lloraste a la vez y te sentiste tan BIEN al hacerlo?» «No me habría perdido esta reunión POR NADA! ¡Hace siglos que no recibo tanto aliento y bendición!»

Sentí deseos de salir y abrazar a las tres, en cambio decidí que sería mejor pasar inadvertida hasta que saliesen. Nunca llegarían a enterarse cuánto me habían levantado el ánimo sus palabras. El libro de los Proverbios dice: «La congoja en el corazón del hombre lo abate; mas la buena palabra lo alegra».[6] ¡Cuánta verdad, en especial cuando es una palabra escuchada por casualidad, que en realidad no estaba destinada para tus oídos!

Me sentí renovada. Me sentí restaurada. Después de todo, mi viaje había valido la pena porque algunas personas (por lo menos tres) recibieron ayuda y refrigerio. Y en respuesta, sus palabras de aliento habían pegado mis pedazos quebrados y pude seguir adelante.

Esa siempre es la clave: *junta los pedazos y sigue adelante*, aun cuando te parezca que todo el mundo está en tu contra. Pues en realidad no es así. Tal como le dijo un siquiatra a su paciente: «El mundo entero no está en tu contra; hay millones de personas a las cuales nada les importa».

Pero aquellos que verdaderamente te aman, se interesan por ti. Y por sobre todo, le importas a Dios. Todos tenemos fracturas en nuestras vidas. En ocasiones son físicas, a veces emocionales y otras mentales. Pero sabemos que Dios puede sanar esos puntos fracturados y volver a unir los fragmentos que están resquebrajados y partidos y darnos sanidad. Saber que a Él le importa es el secreto de una buena autoestima: verte como te ve Dios, ni más ni menos.

Salpicaduras...

HAY COSAS QUE NUNCA CAMBIAN...
COMO EL SABOR DEL PEGAMENTO DE LOS SELLOS
POSTALES.

* * * * * *

SÉ BUENO CONTIGO

Sé tú mismo... con veracidad.
Acéptate como eres... con gratitud.
Valórate... gozosamente.
Perdónate... completamente.
Trátate... generosamente.
Equilíbrate... armoniosamente.
Bendícete... abundantemente.
Confía en ti... con seguridad.
Ámate... de todo corazón.
Ármate de poder... con oración.
Entrégate... con entusiasmo.
Exprésate... radiantemente.

Origen desconocido

* * * * * *

LA MAYORÍA DE LAS PERSONAS ESTÁN
DISPUESTAS A CAMBIAR,
NO PORQUE VEN LA LUZ,
¡SINO PORQUE SIENTEN LA PRESIÓN!

* * * * * *

Querido Jesús, quisiera darte
cada llave de esta casita
que para ti represento.

El zaguán ha sido tuyo,
y los cuartos que ve el mundo
has recorrido de punta a punta.
Pero hoy quisiera, oh Cristo, que entrases
a los lugares secretos que tanto he atesorado.
Están ocultos, son pequeños y apartados;
pero quiero que seas dueño de esta casa:
mi corazón.

Origen desconocido

* * * * * *

¡ALÉGRATE!
MAÑANA SERÁ DIFERENTE...
¡NO MEJOR, SÓLO DIFERENTE!

* * * * * *

¿Qué es el hombre, para que tengas de él memoria,
Y el hijo del hombre, para que lo visites?
Le has hecho poco menor que los ángeles,
Y lo coronaste de gloria y de honra.

Salmo 8.4,5

I.I.D.D. (Igual inmundicia, día diferente)

*No pierdas la cabeza en la batalla... no
tendrás dónde poner tu casco.*

Un tema que se repite en las muchas cartas que recibo es el
ESTRÉS, el diario desgaste que proviene del simple hecho de
estar vivo. Me encanta bromear acerca de la mujer que sale a
dar un paseo en automóvil siempre que las cosas se vuelven
demasiado estresantes... en este momento se encuentra a unos
cuatro mil kilómetros de casa.

Una cosa que me recuerda mi correspondencia es que todos
tenemos vidas distintas, pozos ciegos distintos y distintos
tipos de estrés. Una lectora del noroeste me envió esta cándida
respuesta luego de leer *So, Stick a Geranium in Your Hat and Be
Happy* [Ponte un geranio en el sombrero y sé feliz]:

> Lamento que hayan muerto tus dos hijos mayores. Sólo
> puedo imaginarme lo difícil que debe resultar eso. Ruego que
> nunca tenga que conocer ese tipo de angustia en particular.
>
> Sin embargo, debo referirme a tu reacción al descubrir
> que tu tercer hijo era homosexual. Mi primera reacción fue:
> «¡Alégrese, señora!» Básicamente es lo mismo que sentí al
> finalizar el libro también.
>
> Así que tu hijo es homosexual. Gran cosa. ¿Ha robado a
> alguien? Mi hijo sí. ¿Ha sido arrestado por allanamiento? Mi

hijo sí. ¿Ha sido adicto a drogas y/o alcohol? Mi hijo sí. ¿Ha asesinado a alguno? Mi hijo sí. Fue un accidente, pero aun así el muchacho está muerto y mi hijo fue a la cárcel por ese motivo. Todo eso antes de cumplir los 17 años.

Esta mujer siguió hablando acerca del estrés que había estado experimentando durante los últimos dos años. A su esposo le diagnosticaron cáncer renal, el cual se había extendido hasta sus pulmones. Luego su hija de catorce años les comunicó que estaba embarazada y que deseaba entregar su bebé en adopción.

Más adelante en el otoño, a su esposo le quitaron el riñón izquierdo y su hijo, que había sido trasladado a un hogar grupal del estado, se quedó sin trabajo. Cuando su esposo estaba en el hospital por su cirugía, debía realizar un viaje de doscientos cuarenta kilómetros de ida y vuelta para visitarlo. Luego, cuando pudo regresar a su trabajo, ambos debían

recorrer ciento sesenta kilómetros de ida y vuelta cada día para trasladarse hasta sus lugares de trabajo.

Su hijo encontró otro trabajo, pero luego lo perdió y se mudó a casa con ellos, donde su automóvil fue robado y chocado, y luego chocó el auto de repuesto que sus padres le compraron. También cargó a su tarjeta de crédito ochocientos cincuenta dólares de gasolina en un mes. Las buenas noticias fueron que el tratamiento contra el cáncer de su esposo «parecía estar resultando», el bebé de su hija nació, y su hijo consiguió un nuevo trabajo. Pero el estrés continuaba; ella escribió:

> Querida mía, *eso* era estrés. Estrés es que el doctor te diga que si no da resultado el tratamiento experimental contra el cáncer que le están aplicando a tu esposo, no hay nada más por hacer. Estrés es que tu hijo de 20 años te llame entrada la noche porque está sin trabajo y sin dinero. Estrés es enfrentarte a la posibilidad de quedar sola sin contar con el dinero suficiente para pagar las cuentas. Estrés es no contar con el dinero suficiente para pagar las cuentas, aun cuando Don está en casa y ha vuelto a trabajar. Estrés es ver a tu primer nieto por un lapso de dos minutos, y no querer levantarlo por miedo a no poder soltarlo.

Agradezco la carta de esta mujer porque dice las cosas como son. La llamé para decirle que la comprendía y conversamos bastante. Dice que las cosas ahora han mejorado, pero su estrés continúa. Eso es lo que causa el desgaste, las constantes y continuas crisis. Tal como dijo alguien:

HOY EN DÍA HASTA PARA SER NEURÓTICO
SE NECESITAN NERVIOS DE ACERO.

Cada día somos prueba viviente de que el estrés está PRESENTE, es una realidad de la vida y debemos aprender a sobrellevarlo. Tal vez hayas visto el dibujito donde se ve a Ziggy pasar por el costado de un cartel en un camino que dice:

DURAS REALIDADES PRÓXIMOS 4.000 KILÓMETROS.

En realidad, las duras realidades duran mucho más que eso. Ese cartel podría decir:

DURAS REALIDADES DURANTE LO QUE RESTA DEL CAMINO.

¿Cómo combates el estrés?

Karon Jackowski, autora de *Ten Fun Things to Do Before You Die* [Diez cosas divertidas para realizar antes de morir], sugiere que darse un prolongado y caliente baño de inmersión de espuma es una manera maravillosa de escapar de la realidad. Escribe: «Como no somos Dios, cuanto más excedamos nuestros límites, más necesitaremos escapar. Demasiado exceso de los límites es simplemente demasiado: aplastante sobrecarga. Suficiente es suficiente. Nadie sabe mejor que tú cuando has alcanzado o rebasado tu límite. De modo que, cuando decididamente hayas alcanzado lo suficiente, encuentra un sitio para escapar a la realidad y no vuelvas hasta que debas hacerlo».[1]

Me agrada lo que esta poesía dice acerca de la realidad y del estrés:

¿POR QUÉ ESCAPAR?

La realidad es la principal causa de estrés
entre los que toman contacto con ella.
Es soportable si en pequeñas dosis se administra,
pero como modo de vida es demasiado restrictiva.
Tenía demasiadas necesidades;
pretendía que estuviese constantemente
a su disposición,
teniendo tanto para hacer...
Algo debí echar a un lado.
Ahora,
desde que dejé de pensar tanto en la realidad,
mis días están cargados
y
plenos de diversión.

Jane Wagner[2]

Dos modos importantes de tratar con el estrés

Los lectores de nuestra circular informativa *Love Line* [Línea de amor] y otras personas que van a escucharme constantemente me envían ideas que a ellos les dan resultado cuando están tratando con el estrés. Al clasificarlas todas, parece haber dos maneras principales de tratar con el estrés:

1. HAZ ALGO. Sé eficiente, determina prioridades, usa el tiempo sabiamente, etc.

2. NO HAGAS NADA. Relájate, escapa, cede, permite que obre Dios.

En ocasiones realmente es de ayuda *realizar alguna acción* para aliviar el estrés. Recuerdo unos años atrás cuando mi madre solía venir desde Michigan a California para visitarnos, y mientras estaba aquí intentaba hacer cosas que a su juicio serían de ayuda para mí.

Una de sus tareas preferidas era reacomodar todas mis alacenas. Como soy zurda, mi madre siempre decidía que todas las cosas estaban en el sitio equivocado. De modo que cambiaba de lugar todas las cosas en la cocina para que resultara cómoda para las personas diestras... como ella. Cuando terminaba de organizar mi cocina, preguntaba si podía hacer algunos trabajos en el jardín. Desafortunadamente para mamá, el jardín estaba en buen estado, pero a Bill se le ocurrió una forma de mantenerla ocupada porque a él también lo estaba volviendo un poco loco.

A la mañana temprano, antes de que Bill se fuese a trabajar, salía al jardín para sacudir nuestros dos árboles para que cayesen las hojas. Supongo que los vecinos se preguntaban qué estaba haciendo Bill a las siete de la mañana sacudiendo los árboles que se hallaban en el fondo de nuestra casa. No estoy segura si alguna vez les dijimos que sólo intentaba darle a su suegra algo para hacer (juntar las hojas), para que pudiera sentirse «útil» al mantenerse ocupada.

Mamá nunca dejó de intentar brindar ayuda. Irónicamente, cuando las personas tratan de ayudar, a menudo provocan mayor estrés que si no se hubieran molestado. En su caso, esto era una gran realidad. Durante una de sus visitas, Barney, quien era bastante joven en ese momento, se encontraba terriblemente resfriado y tenía mucha tos. Mamá se ofreció para quedarse en casa con él mientras íbamos a la iglesia y le di un medicamento llamado Musterole, que *no era para frotar*, para que le pusiese en el pecho. Como suele suceder con la mayoría de las madres, ella sentía que sabía todo con respecto al cuidado de los niños e ignoró mi consejo y mis precisas instrucciones que aclaraban que este tipo de Musterole *no debía ser frotado*.

Ella igualmente masajeó con la crema a Barney hasta hacerla penetrar en la piel alrededor de su rostro, sus orejas, su pecho y cuello. Cuando regresamos de la iglesia a casa, la cara y los ojos de Barney estaban hinchados, sus orejas encendidas eran de color rojo intenso y su pecho ardía. Al menos no le había aplicado una antigua cataplasma de mostaza para «retener el calor». Mamá tenía buenas intenciones... sólo que no siempre prestaba atención a las instrucciones.

Ensalada de alimento para gatos y estrés

Otra buena manera de sobrellevar el estrés es ser flexible. Pensándolo bien, gran cantidad del estrés es causado simplemente porque las personas no pueden modificar sus planes, no pueden aceptar menos de lo que esperaban, no pueden hacer menos de lo que planeaban, etc.

Pero en ocasiones, el estrés nos lleva a cambiar los planes porque en realidad no nos queda ninguna opción. Hace unos años atrás, una muchacha sueca había venido para vivir con nosotros. Helga tenía parientes aquí, pero ellos nos la prestaron para ayudar en las tareas del hogar mientras aprendía inglés. Helga permaneció con nosotros por un lapso de casi un año y durante ese tiempo disfrutamos llevándola a pasear por California para que conociese los puntos turísticos. Helga, lentamente, estaba aprendiendo a hablar algo de inglés pero aún no había dominado la LECTURA.

Un día había hecho planes de invitar a unas veinte muchachas a casa para celebrar una fiesta en honor a una joven que iba a casarse. Salí para comprar decoraciones y mientras tanto dejé a Helga encargada de hacer la ensalada de atún, que sería el plato principal de nuestro almuerzo. A Helga le encantaba ejercer su creatividad convirtiendo a los rábanos en pimpollos. También era habilidosa en dar formas especiales al apio y a las zanahorias. El plan era que Helga armara una base de lechuga, pimpollos de rábano, rulos de zanahoria y apio, y encima de esta iría una importante porción de ensalada de atún mezclada con huevos duros y guarnición de aceitunas.

Al momento de entrar con las decoraciones, me inundó un terrible olor que parecía permear toda la casa. Fui hasta la cocina y allí sobre el mostrador estaban todos los platos de ensalada, maravillosamente preparados, listos para servir. ¡Pero el olor a pescado era abrumador!

Levanté uno de los platos, aspiré profundamente y comprendí lo que había sucedido. Rápidamente inspeccioné el sitio donde tirábamos los desperdicios y allí había por lo menos una docena de latas vacías que habían contenido ALIMENTO PARA GATOS. Debí haberme dado cuenta de que Helga fácilmente podía confundir el alimento para gatos con el atún. Después de todo, la lata de alimento para gatos llevaba un dibujo de un pescado y era natural que Helga, quien no leía en inglés, pensara que había seleccionado la lata apropiada. Helga se sentía muy orgullosa por la forma en que habían quedado los platos de ensalada con los pimpollos de rábano y los rulos de zanahoria y apio, que brotaban en torno a cada porción de alimento para gatos. Se había esmerado mucho a fin de que todo resultase especial, ¡¡pero el MAL OLOR a pescado era suficiente para noquearnos!! Recordé un cartel que vi en una pescadería: «Nuestros pescados son tan frescos, que dan deseos de darle una *bofetada*».

Ante la perspectiva de que arribaran veinte mujeres en unos pocos minutos, podría decirse que me encontraba en ESTRÉS. Decidí que lo único que se podía hacer era llevar a todas a un restaurante mientras dejábamos abiertas todas las ventanas de la casa. Más tarde volveríamos para los festejos de ocasión, con la esperanza de que el olor se hubiese disipado.

Todo resultó bastante bien. Aún podíamos oler alimento para gatos mientras la agasajada abría sus obsequios, pero todas nos reímos con ganas ante la equivocación cometida. Sin dudas, fue una fiesta que todas recordaremos y, en lo que a mí respecta, destacó la importancia de ser flexible ante una situación estresante.

Diabetes... espada de Damocles

Existen muchas formas de sobrellevar el estrés. En esta página hay veinte sugerencias diferentes de formas de tratar con el estrés de manera ACTIVA al hacer u ocuparse de algo. En la página siguiente se enumeran veinte maneras PLÁCIDAS de tratar con el estrés al tranquilizarse y realizar cosas que producen calma y descanso.

VEINTE MANERAS ACTIVAS DE SOBRELLEVAR EL ESTRÉS

A continuación se detallan veinte maneras de sobrellevar el estrés que requieren de acción decisiva; hacer algo para tratar con lo que cause el estrés en tu vida.

Levántate quince minutos antes de lo acostumbrado... Prepárate en la noche anterior para la mañana... Programa citas con anticipación... Haz un duplicado de las llaves... Fotocopia siempre los papeles importantes... Repara cualquier cosa que no funciona como debe... Solicita ayuda para realizar las tareas que te desagradan... Ponte metas... Pon un alto a un mal hábito... Pídele a alguien que sea tu oyente... Hazlo hoy... Planta un árbol... Dale de comer a los pájaros... Ponte de pie y estírate... Memoriza un chiste... Haz ejercicios diariamente... Aprende la letra de una nueva canción... Llega temprano a tu trabajo... Ordena un ropero... Escríbele a un amigo distante.[3]

Al aprender a sobrellevar mi reciente «compañero de estrés», la diabetes, me encuentro en la postura de intentar equilibrar la acción dedicando tiempo para relajarme. El solo hecho de PADECER de diabetes, una enfermedad relativamente desconocida para el público en general porque sólo unas cinco millones de personas están afectadas, produce una gran cantidad de estrés. Cuando hace unos años me diagnosticaron la diabetes del adulto, le pregunté a mi doctor:

—¿Hay alguna forma de solucionarla?

—No, la tendrás siempre.

—¿Quiere decir que no existe cura?

—No —respondió mi doctor—, y lo más probable es que empeore. Tu páncreas está agotado y ya no funciona como debe. Deberás modificar por completo tu estilo de vida para adaptarte a esta situación.

«Adaptarse» a la diabetes significa balancear constantemente la dieta, realizar ejercicios adecuados y «evitar el estrés». Es necesario que te pinches el dedo cinco o seis veces por día para monitorear el nivel de azúcar en la sangre. Te levantas por la mañana y tu primer pensamiento es: *Ya es hora de pincharme el dedo para controlar mi nivel de azúcar en la sangre.*

VEINTE FORMAS RELAJANTES DE TRATAR CON EL ESTRÉS

A continuación se detallan veinte formas de tratar con el estrés que pueden ayudarte para que te tranquilices e intentes mantener la calma en lugar de ponerte tenso y tieso.

Hazle cosquillas a un bebé... Acaricia a un perro o a un gato amistoso... No sepas todas las respuestas... Busca el lado bueno... Dile algo agradable a alguien... Enséñale a un niño a volar un papalote... Camina bajo la lluvia... Prográmate un tiempo de juego cada día... Tómate un baño con burbujas... Lee una poesía... Escucha una sinfonía... Juega con un bebé... Haz un recorrido diferente para llegar al trabajo... Recuerda que el estrés es una actitud... Recuerda que siempre dispones de otras opciones... Procúrate una red de apoyo compuesta de personas

---

Debes controlar de cerca lo que comes y si comes lo que no debes hoy, ¡tienes que asegurarte de no volver a hacerlo mañana! Siempre debes mantener controlado tu nivel de azúcar en la sangre y esperar que así se logre evitar algunas de las complicaciones más severas de la diabetes.

La diabetes es como la espada de Damocles que pende sobre tu cabeza. Ceguera, amputaciones, problemas renales o neuropatías (pérdida de sensación en los pies) sólo son algunos de los problemas posibles que pueden resultar de ella.

Este poema de Ernest Lowe describe claramente lo que es padecer de diabetes:

Cuando te dicen que tus células están enfermas,
tus capilares... incluso tu sangre...
     bueno, tal vez no estén enfermas,
sólo son anormales.
Cuando te dicen que probablemente
vivirás unos años menos
tal vez no debieras tener un hijo,
es más, si tu doctor no es bueno,
quizás debieras ser esterilizado.

Cuando te dicen que debes controlarte
mientras la gente te pregunta
     «¿Por qué te controlas tanto?»

Cuando te dicen que puedes vivir como todos
si sólo cuidas tu nivel de azúcar en la sangre,
lo que comes, la ingestión de sal, el ejercicio,
la orina, el horario, los pies y el estrés,
     veinticuatro horas al día,
     siete días a la semana,
     trescientos sesenta y cinco días al año...
¡Eso es lo que sucede
cuando te dicen que eres diabético!

     De vez en cuando,
     ¿qué puedo decirme?
Ellos hablan de estadísticas
yo vivo mi vida,
que no se parece a otra.

     Me digo que
tomo decisiones seguro de estar
en control ante la decisión tomada,
aun cuando digan que está errada.

     Me digo que
esto que llaman carga
es también un don que recuerda
     cuán precioso puede ser cada día...
     el don de saber que hasta morir tendré vida.

Eso es lo que sucede al recordar que
     soy humano.[5]

Las Escrituras limpian de las inmundicias de la vida

El simple hecho de saber que tienes diabetes es estresante. Siempre te estás preguntando: «¿Habré comido suficientes gramos de ESTO? ¿Habré evitado suficientes gramos de AQUELLO?»

A menudo he sonreído ante el consejo de mi doctor de «evitar el estrés». Cualquier alteración emocional, tal como un accidente o una discusión, hace que el nivel de azúcar en la sangre se eleve con rapidez. Esto puede causarle complicaciones al diabético.

Así que trato de evitar controversias y simplemente me concentro en ayudar a la gente. Pero no hay modo de escapar del estrés causado por los Ministerios Espátula. El teléfono suena sin parar, todos los días llega correspondencia y nuevas voces vuelcan sus recientes aflicciones. Por fortuna, el hablar por teléfono no parece ser tan estresante, tal vez porque la otra

Al despertarme esta mañana sólo quedaba un nervio... y ahora me lo estás pisando

persona es quien más habla y llora mientras que yo sólo escucho.

Sin embargo, nuestra reunión mensual de Ministerios Espátula, sí causa bastante estrés. Cuando cincuenta o sesenta personas sentadas en una habitación dejan fluir su enojo, dolor y angustia, ¡créeme que puede volverse estresante! También hay charlas «posreunión» que en ocasiones pueden llevar horas. A veces las personas me preguntan cómo me repongo. Quieren saber cómo hago para volver a cargar mi tanque emocional.

Una de mis formas preferidas de renovar mi espíritu es darme un baño tibio de burbujas teniendo cerca mi casetera para poder escuchar mi música cristiana favorita o la lectura de las Escrituras. La combinación de agua y música es terapia para mí. También tengo varios casetes de video donde se ven hermosos paisajes mientras un narrador lee pasajes como Isaías 26.3: «Tú guardarás en completa paz a aquel cuyo pensamiento en ti persevera».

Mis cintas y videos permiten que las Escrituras penetren y me limpien después de vivir en medio de las diarias inmundicias de la vida. Necesitamos ser renovados y refrescados, y las Escrituras son como agua que me limpian por completo. Siento como si hubiera recibido un baño espiritual que me limpia los pensamientos y el alma, y me viene a la mente un versículo de Ezequiel donde Dios dice: «Esparciré sobre vosotros agua limpia, y seréis limpiados de todas vuestras inmundicias[...]».[6]

El otro día estuve sentada en el estacionamiento de un restaurante hasta las 2:00 a.m. ayudando a planificar su funeral a un joven que se moría de SIDA. Resultaba demasiado difícil para sus padres, pero él necesitaba hablar acerca de ello. Aunque era estresante escucharlo, volví a casa sintiéndome honrada porque deseara mi ayuda para hacer planes para lo que él sabía que se aproximaba.

Después, regresé a casa y, mientras miraba un video de las Escrituras, sentí que la Palabra de Dios reponía mi gozo.

Cuando hablo ante grupos de mujeres, les digo: «Tal vez pensemos que tenemos todo bajo control, pero luego sucederá algo para recordarnos que NUNCA tenemos todo bajo control, sin importar la edad ni la experiencia que tengamos. Cuantos más años tengamos, más nos daremos cuenta de que si logramos levantar una pared la otra se viene abajo. Si no se trata de un problema físico, se trata de un problema emocional o mental. El punto en cuestión es que *tenemos que aceptar lo que la vida nos entrega*. Nunca tendremos todas las paredes levantadas al mismo tiempo... al menos no sobre esta tierra».

Vivimos en un mundo quebrantado. Es por eso que Proverbios 3.5,6 tiene tanto sentido:

> FÍATE DE JEHOVÁ DE TODO TU CORAZÓN,
> Y NO TE APOYES EN TU PROPIA PRUDENCIA.
> RECONÓCELO EN TODOS TUS CAMINOS,
> Y ÉL ENDEREZARÁ TUS VEREDAS.

El estrés siempre estará presente, pero también Dios estará siempre presente, ¡y eso es lo que te da ventaja!

Salpicaduras...

PREOCUPARSE ES DESPERDICIAR EL TIEMPO DE HOY
ESTROPEANDO LAS OPORTUNIDADES DEL MAÑANA
CON LAS DIFICULTADES DEL AYER.

* * * * * *

NO HABRÁ NINGUNA CRISIS LA PRÓXIMA SEMANA.
MI AGENDA YA ESTÁ COMPLETA.

* * * * * *

LAS PERSONAS QUE TE DICEN QUE NUNCA PERMITAS QUE
TE ALTEREN LAS COSAS PEQUEÑAS JAMÁS HAN
INTENTADO CONCILIAR EL SUEÑO CON UN MOSQUITO EN
SU HABITACIÓN.

* * * * * *

SI TE ENFRENTAS A CADA SITUACIÓN
COMO SI FUESE ASUNTO DE VIDA O MUERTE,
MORIRÁS MUCHAS VECES.

* * * * * *

NOS CRUCIFICAMOS ENTRE DOS LADRONES:
REMORDIMIENTO POR EL AYER
Y TEMOR POR LO QUE HA DE VENIR MAÑANA.

* * * * * *

NADA ES IMPOSIBLE DE REALIZAR PARA LAS PERSONAS
QUE NO SON LAS ENCARGADAS DE REALIZARLO.

* * * * * *

NO PIENSO PREOCUPARME
¡A NO SER QUE LOS ANIMALES EMPIECEN A FORMAR FILA
DE DOS EN DOS PARA ABORDAR
EL PRÓXIMO TRANSBORDADOR ESPACIAL!

* * * * * *

Con cuánta frecuencia vemos a Dios como nuestro último y más débil recurso. Nos aproximamos a Él porque no tenemos adónde más recurrir. Y luego descubrimos que las tormentas de la vida no nos han empujado hasta las rocas, sino hasta el puerto deseado.

George MacDonald

* * * * * *

ES PROBABLE QUE LAS COSAS RESULTEN BIEN,
PERO A VECES SE NECESITAN NERVIOS DE ACERO
SÓLO PARA OBSERVAR.

* * * * * *

LA FE HACE QUE
LA MIRADA AL CIELO SEA BUENA,
LA PERSPECTIVA SEA BRILLANTE,
LA INTROSPECCIÓN SEA FAVORABLE
Y EL FUTURO SEA GLORIOSO.

* * * * * *

Por nada estéis afanosos, sino sean conocidas vuestras peticiones delante de Dios en toda oración y ruego, con acción de gracias (Filipenses 4.6).

Ríete y el mundo se reirá contigo. . .
Llora y ¡sólo te mojarás!

Nada supera a la diversión.

Querida Bárbara:
Recibí su libro como obsequio por el «Día de las madres». Hace años que no leo un libro, pero este es tan bueno que no pude detenerme. También hacía siete años que no reía. Pensé que había olvidado cómo hacerlo.

* * * * * *

Queridos Bárbara y Bill:
Soy soltera, nunca me casé, no tengo hijos, pero el modo de resolver algunos de tus problemas me fueron de gran aliento. Verdaderamente disfruté del humor de tu libro. La risa ciertamente levanta el ánimo.

* * * * * *

Queridos Ministerios Espátula:
He llevado una vida inestable... pena, dolor... confusión interna. Sentía que no podía relacionarme porque me había sucedido tanto... Sentía que era una cristiana «anormal». Encontré tu libro en el supermercado. Me hizo reír como no lo había hecho en tres años. También he llorado hasta sentir que

la pena me abandonaba. Gracias por contar tus experiencias y por brindarme un atisbo de esperanza.

* * * * * *

Querida Bárbara:

Me hacían falta tus palabras por la risa que me provocaron ciertas secciones del libro, el día que las leí. Ciertamente no existe NADA que produzca el efecto de una risa profunda, que conmueva las entrañas y haga correr las lágrimas. ¡Te lo agradezco!

* * * * * *

Todas estas cartas reflejan lo que Dios dijo hace mucho tiempo: «Buen remedio es el corazón alegre, pero el ánimo triste resta energías» (Proverbios 17.22, Versión Popular). Recientemente tuve oportunidad de contar mi historia en un retiro y después las mujeres completaron una evaluación donde se establecía lo que les había gustado del fin de semana. Al repasar mi «boletín de evaluaciones», una frase se repetía constantemente: «Disfruté del humor y de la oportunidad de reírme». En todos los sitios a los que voy aparece la misma respuesta. A la gente realmente le agrada reírse, y cuando consideras lo que puede provocar la risa, es fácil comprender el porqué.

Una buena risa es el mejor remedio

Alguien dijo que los mejores médicos del mundo son el Dr. Dieta, el Dr. Silencio y el Dr. Alegría. La risa en realidad genera resultados fisiológicos positivos. Por ejemplo: ejercita los pulmones y estimula el sistema circulatorio. Cuando te ríes, tu cuerpo se revitaliza por lo que podría llamarse un masaje interno. Según dijo alguien, la risa es como trotar por dentro.

Como la risa es terapéutica, ciertos hospitales desarrollan «programas de risa» y los doctores verdaderamente «recetan» júbilo como modo de obtener la sanidad. En el Hospital Johns Hopkins, pasan por circuito cerrado de televisión «La cámara escondida», «Los tres chiflados» y otros programas cómicos parecidos. En un hospital católico de Texas, diariamente, las monjas relatan cuentos graciosos a los pacientes para ayudarlos a sentirse mejor.[1]

En su libro, *Anatomy of an Illness as Perceived by the Patient: Reflections on Healing and Regeneration* [Anatomía de una enfermedad según es percibida por el paciente: Reflexiones acerca de la sanidad y la regeneración], Norman Cousins relató su batalla contra una enfermedad incurable y en extremo dolorosa. El colágeno de su cuerpo, material fibroso que mantenía unidas a sus células, se estaba degenerando y él, según sus propias palabras, se «iba despegando». Sustancias semejantes a arenilla que se encontraban debajo de su piel producían nódulos en su cuerpo y comenzaba a tener dificultad para mover el cuello, las manos, los brazos, los dedos y las piernas. Los médicos casi no le daban esperanza de recuperación.

Con la aprobación de su médico, Cousins decidió tratarse él mismo mediante la ingestión de comidas sanas, vitaminas, particularmente vitamina C y sometiéndose a lo que él denominaba «terapia de la risa». Al no tener la seguridad de que los otros pacientes del hospital estaban preparados para este nuevo enfoque, se fue del hospital a una habitación de hotel llevando consigo unos cuantos videos de «Cámara escondida», películas de los hermanos Marx, dibujos animados... cualquier cosa que le provocara risa. Las miró una y otra vez y después de un tiempo desarrolló una fórmula. Si se reía con fuerza por espacio de diez minutos sin parar, pasaría dos horas sin sufrir dolor. Cousins sorprendió a los médicos con su eventual recuperación.[2]

Cómo la risa controla el dolor

Los expertos dicen que la risa ayuda a controlar el dolor de cuatro maneras: (1) al distraer la atención, (2) al reducir la tensión, (3) al modificar las expectativas, y (4) al incrementar la producción de endorfinas, los analgésicos naturales del cuerpo.[3]

Cuando te ríes, dejas de pensar en el dolor y verdaderamente se produce cierto grado de anestesia. Ya no sientes tanto el dolor porque tu atención está en otra cosa.

Todos estamos familiarizados con el hecho de que la ansiedad, la preocupación y el estrés pueden causar tensión en los músculos de la cabeza y del cuello; por lo general, esto provoca un intenso dolor de cabeza. La risa reduce la tensión muscular y hasta se ha sabido que produce el mismo efecto al dolor de cabeza que una aspirina u otro analgésico.

Otra cosa acerca de la risa es su capacidad de modificar tus expectativas o, dicho de otra forma, cambiar tu actitud. En cierto modo, la risa es un amortiguador que absorbe los golpes de la vida.

El Dr. David Bresler, director de UCLA Pain Control Unit [Unidad de control del dolor de la Universidad de California en Los Ángeles], dice que el dolor es la alteración más común, más cara y que causa más incapacidad en los Estados Unidos, pero que se puede eliminar gran parte del dolor mediante un simple cambio en el modo de pensar. «Casi siempre, las personas que tienen dolor crónico también sufren de depresión», dice el Dr. Bresler. «No sólo sienten dolor en la parte inferior de su espalda, les duele la vida y hay sitios en la parte inferior de su espalda donde sienten dolor».[4]

En otras palabras, la actitud en general hacia la vida se relaciona directamente con nuestra sensibilidad al dolor. La risa y el humor se relacionan con una perspectiva positiva y un deseo de vivir.

Se podría decir que la risa es un tranquilizante sin efectos secundarios. Cuando nos reímos, la glándula pituitaria libera esas endorfinas que se mencionaron anteriormente, las cuales son «primas químicas» de drogas como la heroína y la morfina.[5] Mientras más nos reímos, más se incrementa el nivel de endorfinas en el cerebro y más disminuye la percepción del dolor. La risa hace que el cuerpo literalmente produzca su propia anestesia.

La risa no sólo es curativa, también nos ayuda a mantenernos en forma y a defendernos de la enfermedad. Un profesor de Stanford descubrió que la risa es como un buen ejercicio: se asemeja a correr, nadar o remar. La investigación del Dr. William Fry demostró que la risa incrementa el ritmo cardíaco, mejora la circulación y hace trabajar los músculos de la cara y del estómago. El Dr. Fry descubrió que si realizaba diez segundos de risa abdominal intensa, su ritmo cardíaco se elevaba al mismo nivel que alcanzaba luego de diez minutos de remo (un ejercicio muy enérgico). Por lo tanto, él estima que si nos reímos cien veces por día, tendrá el mismo efecto del entrenamiento que realizamos durante diez minutos en un aparato de remo.[6]

La risa es buena para el alma

La risa no sólo es buena para el cuerpo, sino también es buena para el alma. Sicológicamente, la habilidad de descubrir el humor en una situación es tan importante como la risa en sí. El sentido del humor puede ayudarnos a pasar por alto lo que no es atractivo, tolerar lo desagradable, sobrellevar lo inesperado y sonreír ante lo insoportable. Un genuino sentido del humor es la barra que agrega equilibrio a nuestros pasos al caminar por la cuerda floja de la vida. Y, si por casualidad llegamos a caer dentro de uno de los inevitables pozos ciegos de la vida, un saludable sentido del humor puede ayudarnos a sobrellevar la situación. Me gusta el dicho que sigue:

NUESTROS CINCO SENTIDOS ESTÁN INCOMPLETOS
SIN EL SEXTO: EL SENTIDO DEL HUMOR.

Tener sentido del humor no significa que vamos por ahí riéndonos de todo. Una persona con sentido del humor no hace bromas de la vida; sólo ve las que ya están allí. Dicho de otro modo, podemos ver el lado gracioso junto con el serio.

Mi amiga, Marilyn Meberg, quien es oradora de conferencias así como consejera familiar, dice que muchos de nosotros nos tomamos con demasiada seriedad. Nos preocupamos por estar siempre bien, correctos y respetables. Lo que esto provoca es que nos perdamos mucha diversión.

Un fin de semana, cuando hablaba en una conferencia, Marilyn dijo: «Hay cosas que te sucederán que te harán sentir que has perdido el control. Pero si puedes reírte de ti mismo y de tus circunstancias, lo habrás recuperado. Las circunstancias no te controlarán si las viras y las conviertes en algo gracioso. Mi sugerencia para ti es que existen muchos momentos en tu diaria experiencia cuando puedes dar vuelta a una situación y reírte. Ríete de la situación. Ríete de ti. Cuando lo haces, ejerces el control en lugar de que la situación te controle a ti».[7]

Eso me trae a la memoria otra cosa que vale la pena recordar:

FELIZ ES LA MUJER QUE PUEDE REÍRSE DE SÍ;
NUNCA CESARÁ SU DIVERSIÓN.

Creo que si podemos separar nuestros problemas en dos grupos, los que puedan ser solucionados rápidamente y los que no, habremos avanzado un largo trecho en el camino de mantener la calma, al ser confrontados con cosas que no podemos modificar. El humor es el arma de Dios contra la preocupación, la ansiedad y el temor. Recuerda que:

EL TEMOR ES EL CUARTO OSCURO
DONDE SE REVELAN LOS NEGATIVOS.

Job dijo con sutil sabiduría: «Porque el temor que me espantaba me ha venido, y me ha acontecido lo que yo temía[...]».[8] Los pensamientos negativos dan origen a penosas experiencias negativas y los pensamientos positivos producen experiencias positivas. Las personas que ríen pueden sobrevivir y caer parados. Aquellos que no pueden reír permanecerán en el pozo ciego de la desesperanza.

Tal como dijo alguien, tu día se dirige en el sentido que apuntan las comisuras de tus labios. La vida se asemeja a un espejo. Si lo miramos con el ceño fruncido, nos devuelve el ceño fruncido. Si sonreímos, nos devuelve el saludo. Cada Navidad me agrada recordar que el mejor decorado para la ocasión es estar cubierto de sonrisas.

La risa nos ayuda a amarnos unos a otros. Leo Buscaglio, en su best-seller *Loving Each Other* [Amor recíproco], dijo: «Un lazo de amor es fácil de encontrar en un ambiente de gozo. Cuando reímos juntos, pasamos por alto el razonamiento y la lógica tal como lo hace el payaso. Hablamos un lenguaje universal. Sentimos mayor intimidad».[9]

La comunión alegre genera *koinonia*, una palabra griega que significa «compañerismo afectuoso». Por contraste, las conversaciones tristes y deprimentes tienen un efecto contraproducente. ¿Quién de nosotros no ha sido testigo de la disolución de tensiones ante la presencia del amor y del humor? Esto ocurre continuamente en nuestras reuniones de Espátula. Hay profundo dolor. Los abscesos están aun peor por causa de la angustia y el dolor, necesitan ser abiertos y drenados. En ocasiones, las historias deprimentes pueden llegar a ser casi abrumadoras, pero después alguien dice algo gracioso y esto levanta el ánimo de los presentes. Nos sentimos elevados por encima del dolor que juntos cargamos.

Por ejemplo, en una reciente reunión de nuestro grupo de Espátula, un padre acongojado nos estaba contando acerca de su hijo que había decidido convertirse en mujer. Había hecho planes de llevar a su hijo a cenar y éste ya le había comunicado que iría vestido de mujer.

Con el corazón quebrantado y los ojos llenos de lágrimas, el padre dijo: «No sé qué hacer. ¿Cómo puedo resolver esta situación?»

Había unas cincuenta personas en la habitación, pero ni se oía volar una mosca. Finalmente, el silencio se volvió tan insoportable que decidí que alguien debía decir algo; así que, para aliviar la situación, sugerí: «Tal vez podrías ponerte alguna ropa de tu esposa para que tu hijo se sintiera más cómodo».

Hubo un momento de silencio estupefacto. Luego alguien comenzó a reír y pronto estábamos riendo todos, incluso el padre. El humor se había presentado para salvar la situación cuando la lógica o el consejo bueno y práctico no habrían sido de gran ayuda. Además, no existe «consejo bueno y práctico» ante una situación tan imposible.

Existen muchos motivos para reír, de manera que... ¡adelante! Ya que hacen falta cuarenta y tres músculos para fruncir el ceño y sólo diecisiete para sonreír, ¿por qué no ahorrar energía? Ten presente lo siguiente:

UN OPTIMISTA SE RÍE PARA OLVIDAR;
EL PESIMISTA SE OLVIDA DE REÍR.

A continuación va otro pensamiento que puede ayudarte a mantener una perspectiva adecuada:

En cada semana hay dos días por los cuales no debiéramos preocuparnos, dos días que debieran mantenerse libres de temor y aprehensión.

Uno de estos dos días es AYER, con sus errores y preocupaciones, sus faltas y errores, sus males y dolores. El ayer está irremediablemente más allá de nuestro control. Ni siquiera todo el dinero del mundo puede resucitar el ayer. No podemos deshacer ni una sola acción que hayamos ejecutado. No podemos borrar ni una sola palabra que hayamos dicho. El ayer se ha ido.

El otro día que no debiera preocuparnos es MAÑANA, con sus posibles adversidades, su carga, sus promesas y desilusiones. El mañana también escapa a nuestro control inmediato. El sol del mañana se levantará, ya sea con esplendor o cubierto por las nubes... pero se levantará. Hasta que esto no suceda, el mañana no nos ofrece ninguna seguridad, pues aún no ha nacido.

Esto sólo nos deja un día: HOY. Cualquiera puede pelear las batallas de un solo día. Sólo cuando agregamos las cargas

MOTOCICLETA
VACASAKI
¡La motocicleta a medias que ubre los ojos!

de esas dos horribles eternidades, el ayer y el mañana, nos desmoronamos tú y yo.

No es la experiencia de hoy lo que nos enloquece, sino el remordimiento o la amargura de algo que sucedió ayer y el temor por lo que mañana nos pueda deparar.

Por lo tanto, vivamos de día en día.

Origen desconocido

Y, quisiera agregar, ¡vivámoslo con sonrisas en nuestros rostros!

Es gracioso ver lo que nos resulta gracioso. Pensándolo bien, las cosas de las que nos reímos son serias: el dinero, la familia, los padres, los hijos, el sexo... incluso la muerte. (Tal vez has oído del director de una funeraria que finalizaba sus cartas con la frase: «Eventualmente a sus órdenes».) La vida está llena de tensiones, estrés y realidades negativas. Cada vez que tenemos necesidad de un respiro, ¿cómo conseguimos alivio?

AL REÍR

Tal como dijo alguien, la risa es el lujo más barato que tenemos. Nos purifica la sangre, expande nuestro pecho, nos electrifica los nervios, despeja las telarañas de la mente y le brinda al sistema entero una buena limpieza. En realidad creo que la risa es la música más dulce que jamás haya escuchado el oído humano, y también creo que a Dios le encanta escuchar nuestra risa.

De las bocas de los bebés

Continuamente recibo historias, chistes, recortes y dichos, y una de las categorías más populares es el tema de los niños. Los niños aportan su cuota de dolor y preocupación, pero también generan risas (¡afortunadamente para ellos!).

Entre estas historias, encontré una (no sé quién la escribió) acerca de unos niños que empezaron a tirar monedas a una fuente de deseos, susurrando en voz alta sus deseos.

«Ojalá tuviese un cachorro», dijo uno.

«Ojalá tuviese un auto de carrera», dijo otro.

Un niño de unos diez años se acercó hasta la fuente y miró

pensativamente hacia adentro. Luego, de mala gana, echó su moneda mientras murmuraba: «Ojalá tuviese un imán».

El presidente Lyndon Johnson solía contar una historia acerca de un niño que deseaba profundamente conseguir algo de dinero porque su papá había muerto y para su madre era muy difícil mantenerlo. El niño le escribió una carta a Dios, pidiéndole cien dólares para ayudar a su mamá. Envió la carta que acabó en el escritorio del director general del correo. El hombre se conmovió tanto que metió un billete de veinte dólares dentro de un sobre y se lo envió al niño. Dos semanas después, otra carta del niño dirigida a Dios apareció nuevamente sobre su escritorio. Esta decía: «Muchas gracias por todo lo que ha hecho, pero la próxima vez, por favor no envíe su correspondencia a través de Washington porque ellos le hicieron una deducción de ochenta dólares».[10]

Otro de mis preferidos me llegó de una madre que tiene cuatro hijos adultos. Uno de ellos convive con una muchacha y no están casados, otro es alcohólico, un tercero se droga y el menor es homosexual. Ella me dijo: «Barbarita, nunca debí haber tenido hijos. Debí haber tenido CONEJOS. Al menos de ESE modo habría obtenido una buena comida del asunto».

Las metidas de pata siempre sirven para una buena risa

Me divierte coleccionar dichos graciosos y usos inapropiados de las palabras, que en ocasiones se les llama disparates. La siguiente lista incluye varios ejemplos de este tipo:

- Nunca es tarde, si la ducha es buena.
- La avaricia engorda el saco.
- En moscas cerradas no entran bocas.
- A lo hecho, techo.
- La letra con besos entra.
- A la tercera va la corrida.
- Cada loco con su cena.
- Donde fueres haz lo que quieres.
- Más vale bueno conocido que malo por conocer.
- No tan calvo que se le vean los huesos.

- No hay mejor sordo que el que no quiera oír.
- No por mucho madrugar anochece más temprano.
- A buen tiempo, mala cara.

Uno de mis relatos preferidos acerca de metidas de pata es un viejo cuento que ha aparecido en todas partes, en especial entre editores de diarios y otro material impreso que deben enfrentarse a un hecho irritante de la vida que se denomina error tipográfico. Todos los hemos visto en los diarios, pero he aquí un ejemplo de un error que apareció en la sección de clasificados del diario de un pequeño pueblo y cuanto más intentaban corregirlo, más desastroso se volvía:

(Lunes) SE VENDE: R.D. Jones vende una máquina de coser. Llame por teléfono 555-0707 después de 7 p.m. y preguntar por Sra. Kelly quien vive con él barata.

(Martes) NOTA: Lamentamos haber cometido error en aviso de R.D. Jones ayer. Debería haber dicho: Una máquina de coser se vende. Barata: 555-0707 y preguntar por Sra. Kelly que vive con él después de las 7 p.m.

(Miércoles) NOTA: R.D. Jones nos ha informado que ha recibido varias molestas llamadas telefónicas por causa del error cometido por nosotros en su aviso clasificado del día de ayer. Su aviso ha sido corregido de la siguiente manera: SE VENDE: R.D. Jones tiene a la venta una máquina de coser. Barata. Teléfono: 555-0707 y preguntar por la Sra. Kelly que convive con él.

(Jueves) NOTA: Yo, R.D. Jones, NO tengo máquina de coser para vender. LA DESTRUÍ. No llame al 555-0707, ya que el teléfono ha sido desconectado. La Sra. Kelly y yo no hemos hecho nada indebido. Hasta ayer ella era mi ama de llaves, pero renunció.[12]

Risas del libro de Parábolas

Es posible que la Biblia sea el libro de mayor venta a nivel mundial, pero eso no significa que sea el más estudiado del mundo. La gente confunde los conocimientos bíblicos, tal como lo demuestra esta historia:

Se le preguntó a un joven que ingresaba al seminario bíblico cuál parte de la Biblia era la que más le gustaba.

—Bueno, lo que más me gusta es el Nuevo Testamento —contestó él.

—¿Cuál libro del Nuevo Testamento es el que te gusta? —quería saber el entrevistador.

—Ah, con seguridad, el que más me agrada es el libro de Parábolas —contestó el novato.

—¿Tendrías la amabilidad de relatarme una de esas parábolas? —inquirió el entrevistador.

El novato accedió diciendo:

—Hubo una vez un hombre que descendió de Jerusalén a Jericó y cayó entre ladrones. Allí los espinos crecieron hasta ahogarlo. Luego salió de allí y conoció a la reina de Sabá la cual dio a ese hombre mil talentos de oro y plata y cien mudas de ropa. Después él se subió a su carroza y condujo alocadamente, y al pasar debajo de un gran árbol su cabello se enredó en una rama donde quedó colgado.

»Permaneció colgado allí durante muchos días y muchas noches, y los cuervos le traían de comer y de beber. Una noche mientras dormía colgado, su esposa, Dalila, vino y le cortó el cabello. Y cayó sobre pedregales. Después comenzó a llover, y llovió durante cuarenta días y cuarenta noches. Y él se escondió en una cueva. Luego salió y conoció a un hombre y dijo: "Ven a cenar conmigo en mi cueva". Pero el hombre contestó: "No puedo pues he tomado esposa". Así que el habitante de la cueva fue a las salidas de los caminos y urgía a la gente a que entrase.

»Siguió y llegó hasta Jericó donde vio a la reina Jezabel asomada a una ventana en lo alto y cuando ella lo vio se rió. Y él dijo: "Echadla abajo". Él dijo: "Volved a echarla abajo". Y la echaron abajo setenta veces siete. Y con los fragmentos llenaron doce cestas. Y ahora, lo que quiero saber es: "¿De quién será ella mujer, en el día de la resurrección?"

Origen desconocido

La desafortunada confusión bíblica del novato puede provocarnos una sonrisa; y es posible que nos recuerde a algunos de nosotros el modo en que hemos retorcido ciertos conceptos bíblicos a favor nuestro. Pero en ocasiones me gusta balancear este tipo de humor eclesiástico con algo que descubrí cuando, no hace mucho, viajaba por Nevada.

En lo alto de una colina está ubicada una gran iglesia llamada Reno Christian Fellowship. Cual faro, mira hacia todos los carteles brillantes y titilantes de los casinos en las calles que están al pie de la colina. Desde este pináculo se ve la ciudad entera y más allá se ven desvanecer las luces titilantes en el desierto.

Mi nuera, Shannon, ha estado en esa iglesia, y cuando le dije que hablaría allí, me dijo que estuviese atenta para observar el cartel colocado a la salida de la iglesia.

Cuando acabé de hablar y nos preparábamos para abandonar el estacionamiento, de repente me acordé y le dije a Bill: «Debemos estar atentos para ver el cartel del cual nos habló Shannon». Al descender por el camino que nos conduciría hasta la carretera que nos llevaba a Reno, lo vimos con sus grandes letras:

¡USTED ESTÁ ENTRANDO AHORA AL CAMPO MISIONERO!

Leer ese cartel me puso la piel de gallina porque su significado va mucho más allá de los límites de la ciudad de Reno. DONDEQUIERA que vivamos... ¡ESE es nuestro campo misionero!

Cuando la vida esté fuera de control... ríete

Marilyn Meberg cuenta una historia que ilustra de un modo bello cómo es posible que nos estemos enfrentando a circunstancias que parecen estar controlándonos. Describe cómo podemos retomar el control al hallar algo que nos haga reír y nos dé fortaleza para superar el momento. No es que tratemos de disipar la pena o la muerte mediante la risa, pero es cierto que a veces podemos aliviar en cierta medida el dolor al encontrar algo que nos produzca risa por el momento.

Recientemente murió la madre de Marilyn y antes de su muerte había solicitado que su cuerpo fuese cremado en lugar de llevar a cabo el típico funeral donde habría gente observando su cadáver mientras decía cosas como: «¡Qué NATURAL se ve! ¿No?»

Marilyn hizo exactamente lo que su madre había deseado y pidió que su cuerpo fuese cremado. Más tarde, llamaron de la funeraria para pedir que Marilyn fuese a reclamar las cenizas de su madre. Ella y su esposo, Ken, fueron en auto hasta la funeraria y, mientras él esperaba afuera, ella entró. Un hombre le entregó una caja que era aproximadamente del tamaño de una caja de zapatos mientras le decía: «Aquí están los restos».

La caja llevaba escrito el nombre de su madre, la fecha de su nacimiento y de su defunción. El hecho de cargar la caja le producía a Marilyn una extraña sensación. Todo lo que ella había conocido de su madre en su condición terrenal se encontraba ahora sacudiéndose de lado a lado en esta pequeña caja.

Traspuso las puertas de la funeraria y se dirigió hacia el auto, donde podía ver a Ken observándola desde el asiento delantero. El esposo de Marilyn siempre había adorado a su suegra y ella se daba cuenta de la sensación extraña que sentiría él por causa de lo que llevaba en sus manos. Del mismo modo se sentía Marilyn. También tenía otras sensaciones: dolor, angustia, pena. Todo el asunto se volvía demasiado horroroso, harto difícil de tratar.

Marilyn abrió la puerta del auto, vio la expresión en el rostro de Ken y simultáneamente midió sus propios sentimientos. Sintió una urgente necesidad de «aliviar la situación», de modo que decidió poner la caja con los restos en el asiento de atrás. Al hacerlo, se inclinó, y afectuosamente dijo: «Mamá, ¿te hace falta un cinturón?»

«¡MARILYN!», fue lo único que atinó a decir su marido, pero a Marilyn no le molestó. Durante muchos años él le había estado diciendo lo mismo cuando ella hacía alguna cosa un poco alocada, lo cual sucedía con bastante frecuencia.

Sin embargo, la preocupación demostrada por el cinturón para su mamá logró, por el momento, el efecto deseado levantándoles el ánimo un poquito. Ella recuerda: «No es que fuese irreverente para con mi madre o sus restos. Sólo sentía la necesidad de aliviar la pesadez del momento para sentir que mantenía cierta medida de control en lugar de que las circunstancias me controlaran a mí».[13]

El humor puede aliviar los momentos horrorosos, dolorosos y frustrantes de la vida, como así también los momentos en los que no se alcanza a ver la esperanza. El apóstol Pablo se enfrentó a muchos momentos horrorosos, dolorosos, frustrantes y hasta desesperanzados. Aun así escribió: «[...] nos gloriamos en la esperanza de la gloria de Dios» (Romanos 5.2).

Creo que la risa se asemeja a una aguja con hilo. Si se usa con destreza, puede remendar casi cualquier cosa. Es por eso que animo a las personas a guardar una caja de gozo para conservar recuerdos, tarjetas de saludos, recortes y todo tipo de pequeñas chucherías que les puedan provocar una sonrisa o una risa, en especial cuando se sientan desanimados. Hace unos cuantos años mi caja de gozo creció hasta convertirse en un CUARTO DE GOZO que ahora ocupa la mitad de la casa en la que vivimos. Cuando entro en mi cuarto de gozo, no sólo encuentro sonrisas, también encuentro esperanza.

En el reverso de la puerta principal que conduce hacia el cuarto de gozo hay un enorme letrero de mi lema favorito: «¡HAZ LO QUE QUIERAS, SEÑOR!» Debajo del letrero aparece sentada una muñeca que parece ser una ancianita y pregunta: «Querido Dios, si regalo todo mi amor, ¿me puedes reabastecer?»

Sobre un estante cercano descansa un simpático reloj despertador/caja musical que puede ser programado de modo que te despierte con tonadas tales como: «It's a Small, Small World [Es un mundo pequeño, pequeño]» ; «Heigh Ho, Heigh Ho, It's Off to Work We Go [Al trabajo hemos de ir]»; «Zippity do Dah»; y «Super-Cali-Fragil-Istic-Expi-Ali-Docious [Super-cali-fragi-lístico-expi-ali-doso]». ¿Acaso no desearía toda mamá disponer de uno de estos relojitos para ayudarla a despertar a sus hijos para que vayan a la escuela?

A pocos metros de distancia hay un monito apoyado en una percha, y cuando giras la manija, su cola sube y baja y hace ruidos extraños. Su cartel dice: «BIENVENIDO AL LOQUERO».

Muchos amigos me hacen llegar dichos y refranes bordados en punto cruz. Uno de los que más me agrada dice: «El amor hace que la vida sea más tolerable».

Desde que salió a la venta *So, Stick a Geranium in Your Hat and Be Happy* [Ponte un geranio en el sombrero y sé feliz], casi siempre que hablo ante un grupo de personas recibo otro sombrero con geranio. Ahora tengo un total de veintiún sombreros en exposición en mi cuarto de gozo, los cuales me traen a la memoria amigos de todo el país.

Las paredes de mi cuarto de gozo están cubiertas de muchos otros letreros, lemas y placas. A continuación incluyo algunos de mis preferidos:

LA VIDA ES DEMASIADO IMPORTANTE
PARA SER TOMADA EN SERIO.

* * * * * *

Soy admirable, maravilloso, extraespecial, único, superior, excepcional, superdotado, sorprendente, superlativo y, por sobre todas las cosas... HUMILDE.

* * * * * *

LA CRISIS DE LA MEDIANA EDAD ES:
CUANDO LAS CUOTAS DE LA HIPOTECA
MÁS LA CUENTA POR MATRÍCULA
SUMAN MÁS DE LO QUE GANAS.

* * * * * *

LAS COSAS ESTÁN MEJORANDO...
AHORA SÓLO LLEVO UN RETRASO DE DOS SEMANAS.

* * * * * *

Otra placa que me gusta de un modo especial es un versículo de las Escrituras que ha sido tallado en madera por Bob Davies, mi buen amigo de *Love in Action* [Amor en acción]:

En el temor de Jehová está la fuerte confianza;
Y esperanza tendrán sus hijos.

Proverbios 14.26

También me encanta una carreta en miniatura que descansa en un rincón que tiene un letrero pintado sobre su costado: «¡Señor, necesito un empujón!» Otro de mis objetos preferidos

es una bolsa de agua caliente con forma de lanuda oveja.
Cuando se llena se vuelve gorda y esponjosa.

Casi todos los elementos de mi cuarto de gozo me han sido
enviados por alguien. Una nota especial que está colocada
sobre la pared proviene de un grupo de personas del medioes-
te, los cuales son padres de niños homosexuales. Se denominan «Los Humpty Dumpty»,* y me enviaron una poesía que
expresa perfectamente el espíritu de mi cuarto de gozo porque
ofrece una sonrisa junto con un recordatorio de la esperanza
que tenemos por medio de la fe en Dios:

> BUENOS DÍAS, SEÑOR HUMPTY DUMPTY,
> ¡QUÉ SORPRESA VERTE AÚN AQUÍ!
> SEGÚN LA LEYENDA TE HICISTE AÑICOS,
> SIN EMBARGO, SE TE VE ENTERITO.
>
> HUMPTY SALTÓ Y AL HABLAR SONRIÓ,
> «¡EL CUENTO DE CABALLOS Y HOMBRES
> NO FUE EL PUNTO FINAL!
> ¡EL REY MISMO, ME VOLVIÓ A ARMAR!»

Sigue intentando

Inicié este capítulo contando algunos comentarios de personas que me escribieron para decirme cuánto apreciaban el
humor. Aquí agrego una carta más que me envió una mujer
que verdaderamente comprende el motivo por el cual nada
supera a la diversión:

> Tú no me conoces, pero siento como si fueras una querida
> amiga que me ha ayudado a superar una crisis increíble.
>
> Hace tres semanas me realizaron una mamografía. Al día
> siguiente me quitaron un nódulo. Dos semanas atrás me
> hicieron una mastectomía. A las cuarenta y ocho horas me
> dijeron que el cáncer se había extendido a los ganglios
> linfáticos. Esa noche en particular (aún me encontraba en el
> hospital), me tomé un somnífero. No dio resultado. Tomé el

---

* N. del T. Hay una poesía infantil que cuenta cómo Humpty Dumpty, un huevo,
cae de una pared y queda tan destruido que ni los caballos ni los hombres del
rey pueden volver a armarlo.

libro que mi hija menor me había traído al hospital. Tu libro. Lo leí durante la noche. Lloré y me reí contigo (en especial por las pantimedias). Cuando siento que estoy entrando en una depresión vuelvo a leer tu libro.

Siguiendo tu consejo, he intentado pensar en algo gracioso cada día. El pensamiento de ayer fue el siguiente:

«Sólo iré a comprarme un sostén si me dan un descuento del cincuenta por ciento».

En realidad es bastante tonto, pero sigo intentando.

Muchas cosas graciosas SON tontas, pero sigue intentando, porque la risa siempre puede ser escuchada a mayor distancia que el llanto. Siempre, y verdaderamente quiero decir siempre, DEDICA TIEMPO A LA RISA. ¡Es la música del alma!

Salpicaduras...

EXISTE ESPERANZA PARA CUALQUIERA
QUE PUEDA MIRAR A UN ESPEJO
Y REÍRSE DE LO QUE ALLÍ VE.

* * * * * *

UNA COSA POSITIVA QUE PUEDE DECIRSE ACERCA DE LOS NIÑOS ES QUE AL MENOS ELLOS NO TE ABURREN CON RELATOS DE COSAS GRACIOSAS QUE DIJERON SUS PADRES.[14]

* * * * * *

Phyllis Diller dice que la vida es dura: «¿Alguna vez te miraste al espejo y te preguntaste cómo se habían arrugado tanto tus pantimedias... para luego recordar que no te la habías puesto?»[15]

* * * * * *

EL HUMOR ES COMO EL AGUA
QUE AFLOJA A LOS ALMIDONADOS.

* * * * * *

¿Sabes cómo descubrir si dependes de otro? ¡Cuando al morir ves pasar la vida de otro ante tus ojos!

* * * * * *

El problema de ser propietario de tu casa es que, te sientes donde te sientes, tendrás la sensación de estar mirando alguna tarea que deberías estar realizando.[16]

* * * * * *

ORACIÓN DE UN NIÑO

Querido Dios, cuida de mi familia, cuida de todo el mundo. Y por favor, Dios, cuida de ti, de otro modo estamos perdidos.

* * * * * *

UNA MADRE CONFUNDIDA ESCRIBIÉNDOLE A SU HIJO...

Querido hijo:

Te envío unas líneas para que sepas que sigo con vida. Te escribo esta carta lentamente pues sé que no eres veloz para la lectura. No podrás reconocer la casa cuando vuelvas... nos hemos mudado.

Con respecto a tu padre... tiene un hermoso trabajo nuevo. Tiene a quinientos hombres debajo suyo. Corta el césped en el cementerio.

Había una lavadora en la casa nueva cuando nos mudamos, pero no funciona muy bien. La semana pasada metí catorce camisas dentro, tiré de la cadena y no he visto las camisas desde entonces.

Esta mañana, tu hermana, Mary, tuvo un bebé. Aún no me he enterado si es varón o nena, así que no sé si eres tía o tío.

La semana pasada tu tío Dick se ahogó en un depósito de whisky en la destilería de Dublin. Algunos de sus compañeros de trabajo se zambulleron para salvarlo, pero él se resistió con denuedo. Cremamos su cuerpo y llevó tres días apagar el fuego.

Tu padre no tomó gran cosa para Navidad. Le vacié un frasco de aceite de castor en su cerveza... y esto lo mantuvo ocupado hasta el Año Nuevo.

El jueves fui al médico y tu padre me acompañó. El doctor me puso un tubito en la boca y me dijo que la mantuviera cerrada por diez minutos. Tu padre le hizo una oferta por el tubito.

La semana pasada sólo llovió dos veces. La primera duró tres días y la segunda duró cuatro. El lunes estuvo tan ventoso que una de nuestras gallinas puso el mismo huevo cuatro veces.

Ayer recibimos carta del director de la funeraria. Dijo que si no le pagábamos la última cuota de tu abuela dentro de los cinco días siguientes, la desenterrarían.

Con mucho amor,
Mamá

P.S. Pensaba enviarte diez dólares, pero ya había sellado el sobre.

* * * * * *

EL QUE RÍE ÚLTIMO
PROBABLEMENTE TENÍA PENSADO
CONTAR EL CHISTE.

* * * * * *

[...] el de corazón contento tiene un banquete continuo

(Proverbios 15.15).

¿Cómo es posible que esté en bajada, si nunca llegué a la cima?

Sólo se es joven una vez
pero es posible ser inmaduro para siempre.[1]

Adondequiera que vaya, las mujeres están de acuerdo en que los dos temas que resultan menos agradables son el ENVEJE-CIMIENTO y la DIETA. Mi consejo es que no permitas que ninguno de los dos te quite la alegría. Decidí mucho tiempo atrás dejar de preocuparme por el incremento de la edad y de los kilos y, en lugar de eso, disfrutar de cada día.

Eso no significa que paso por alto la comida saludable, ni que rara vez hago ejercicio. Antes de que la diabetes me obligase a ejercitarme, no me entusiasmaba mucho la idea de hacer gimnasia. Mi concepto de lo que era ejercicio podía describirse como una buena y rápida sentada o tal vez una lucha con el envoltorio de celofán de una golosina.

Parafraseando lo que dicen algunas calcomanías en los parachoques de los autos, cada vez que pensaba en el ejercicio, me acostaba y esperaba hasta que se me pasara el pensamien-to. O Bill y yo salíamos por la mañana a andar en bicicleta... hasta la panadería de la esquina para tomar café con pasteles.

En el libro *So, Stick a Geranium in Your Hat and Be Happy* [Ponte un geranio en el sombrero y sé feliz], conté que Bill me había comprado una fabulosa bicicleta Schwinn de ejercicio, la cual armamos en nuestro cuarto de gozo, donde estoy bien equipada para hacer buen uso del tiempo y nunca sentirme aburrida mientras pedaleo sobre mi bicicleta nueva. Si tengo deseos de leer, allí tengo un atril montado sobre el manubrio. Si deseo hablar por teléfono, mi teléfono con forma de rana está a mi alcance. Si quiero ver cierto programa de televisión, hay un pequeño televisor sobre una mesa cercana. Si no deseo hacer nada de lo que he mencionado, tal vez quiera disfrutar simplemente de todas las cosas divertidas que están en mi cuarto de gozo mientras pedaleo a mis anchas. En mi bicicleta de ejercicio puedo realizar lo que se supone que debo hacer (mantenerme activa y ejercitarme) de modo fresco, limpio y con estilo.

A pesar de que a veces hago todas las cosas que mencioné anteriormente, mi pasatiempo favorito es agregar fervor a mi vida de oración. He colocado un gran mapa de los Estados Unidos sobre la pared que está frente a mi bicicleta, y al pedalear realizo viajes imaginarios entre una ciudad y otra, visitando amigos del Ministerio Espátula que me han escrito. Al llegar a cada ciudad, desde la cual he recibido una carta, oro por los que las han escrito pidiéndole a Dios que sea de ayuda y consuelo para ellos en ese día.

Últimamente, mi nuera, Shannon, me ha dibujado un NUE-VO mapa de los Estados Unidos, que denomino mi «Mapa de gozo». La característica que se destaca en este mapa es que en él figuran ciudades reales cuyos nombres sugieren gozo, risa o algo agradable. He colocado este mapa sobre la pared al lado del otro y ahora, de vez en cuando, viajo desde Bliss [Dicha] hasta Ecstasy [Éxtasis], desde Utopia [Utopía] hasta Sublime, desde Yum Yum [Delicioso] hasta Comfort [Comodidad] o desde Bountiful [Abundante] hasta Prosperity [Prosperidad]. Al visitar ciudades como estas en mi imaginación, no resulta para nada difícil recorrer largas distancias de una sola vez. ¡Resulta verdaderamente divertido partir de Happy [Feliz], Texas, para acabar en Joyful [Gozoso], Mississippi!

La pelota playera no deja de subir hasta la superficie

Lograr mantener el peso en un nivel adecuado es una lucha constante para muchos de nosotros. Pelear la batalla de la barriga se asemeja a mantener debajo del agua una pelota playera durante toda tu vida. Si te relajas por un solo minuto, ¡PUM! Se va para arriba. Luego se produce un gran forcejeo para sumergirla otra vez.

Pareciera que la mayor parte del tiempo te obligan a comer como un conejo. Después de todo, cuando le quitas a la vida toda la grasa, el azúcar, la sal y el almidón, ¿qué te queda, además de elementos con alto contenido de fibra desabrida?

De modo, que siento gran compasión por las personas que luchan con el peso y la dieta. Yo sé lo que se siente al querer comer y no poder hacerlo. El otro día encontré una vieja grabación del ya fallecido Victor Buono, que incluía la siguiente oración expresada por una torturada persona a dieta:

> Señor, mi alma está deshecha,
> incitada por mi vil dieta.
> «Lo que comemos, eso somos», dijo un sabio con
> soltura.
> Si eso es cierto, Señor, soy un bote de basura.
> Deseo elevarme en el día del Juicio Final,
> pero por mi peso actual, sólo con grúa se ha de
> lograr.
> Concédeme, pues, fuerza para evitar caer
> en las garras del colesterol cruel.
> Que los rulos de zanahoria me satisfagan,
> para que mi alma no sea saturada.
> Ayúdame, que mi cuerpo sea un templo,
> de estado físico quiero ser ejemplo.
> Ante la margarina no he murmurado,
> el camino hacia el infierno de manteca está untado.
> La crema es maldición, es horrible el azúcar,
> y en cada waffle Satanás se oculta.
> Mefistófeles en el queso acecha,
> en cada embutido el diablo se pertrecha.
> Belcebú es un bombón de chocolate
> y Lucifer en los dulces late.
> Dame este día mi diaria rebanada

que sea fina y dos veces tostada.
Te ruego de rodillas,
me libres de rosquillas
y cuando mis días de prueba hayan acabado
y en mi guerra contra helados haya triunfado
que en el cielo con los santos pueda estar de pie,
¡vistiendo túnica brillante de talla treinta y tres!
Lo puedo hacer, Señor, si eres tú el que me enseña
las virtudes de la lechuga, del apio y la berenjena,
si me haces ver los peligros de la mayonesa
lo pecaminosos que son la salsa holandesa,
las frituras, la milanesa,
las papas a la lionesa,
y el crocante pollo frito del sur.
Señor, si me amas ¡CIERRA MI BOCA![2]

Las calorías que NO se cuentan

Cuando estás haciendo dieta, no existe nada más fácil que racionalizar el motivo por el cual se justificaría comer «sólo uno», aun cuando sepas que lo que deseas comer está cargado de gramos de grasa y toneladas de calorías. La que sigue es una lista de «calorías que no se cuentan» que forma parte de mi colección de racionalizaciones efectuadas por personas a dieta.

1. Comida ingerida estando de pie. Toda la comida que se ingiere estando de pie no contiene calorías. No se sabe exactamente por qué, pero la teoría más reciente se relaciona con la gravedad. Aparentemente las calorías pasan por alto el estómago fluyendo directamente hacia abajo, descendiendo por las piernas y saliendo por las plantas de los pies hacia el piso, como la electricidad. Tal parece que caminar acelera este proceso, de modo que un helado o un emparedado que se come al caminar por la exposición rural en realidad produce un déficit calórico.

2. Comida ingerida al mirar T.V. Cualquier cosa que se coma delante de la TV no contiene calorías. Es posible que esto tenga algo que ver con una pérdida de la radiación, que anula no sólo las calorías en la comida sino también toda memoria de haberla ingerido.

3. Bordes disparejos. Las tartas y las tortas deben ser cortadas prolijamente, en porciones parejas. De no ser así, la persona que las guarda será la encargada de «emparejar los bordes» mediante el uso del cuchillo con el fin de rebanar las irregularidades ofensivas, las cuales, al ser ingeridas, no contienen calorías.

4. Alimento balanceado. Si te tomas una bebida gaseosa dietética junto con una barra de chocolate, se anulan entre sí.

5. Comida con la mano izquierda. Si llevas en tu mano derecha un vaso de jugo, cualquier cosa que comas con la otra mano no contiene calorías. Aquí se ponen en práctica varios principios. En primer lugar, es probable que estés de pie en una fiesta de bodas (véase «Comida ingerida estando de pie»). Además hay un campo magnético: Un vaso mojado en una mano forma una carga negativa que invierte la polaridad de las calorías atraídas hacia la otra mano. Aún no se sabe a ciencia cierta cómo funciona, pero esto se invierte si eres zurdo.

6. Comida con fines medicinales. NUNCA se cuentan las calorías de la comida que se utiliza con fines medicinales. Esto incluye el chocolate caliente, la leche malteada, las tostadas y la torta de queso de Sara Lee.

7. Crema batida, crema ácida, manteca. Todas estas actúan como cataplasma que en realidad «extrae» calorías cuando se las coloca sobre cualquier comida, haciendo que la misma se libere de las calorías. Luego, puedes comer también la cataplasma ya que todas las calorías son neutralizadas por ella.

8. Comida en palillos. Los chorizos, las mini salchichas, el queso y las galletas engordan, A NO SER que estén montados sobre palillos. El hecho de insertar un objeto punzante permite que las calorías se escapen por abajo.

9. Comida para niños. Cualquier cosa producida, adquirida o dirigida a los menores de edad, carece de calorías cuando es ingerida por adultos. Esta categoría abarca una amplia gama, que va desde una cucharada de flan para bebés, que se consume con el fin de realizar una demostración, galletas de dulce que se hornean con el fin de enviar a los hijos que están en la universidad.

10. Comidas benéficas. Galletitas de girl scout, tortas adquiridas en ventas a beneficio, sociales de helados y festivales de fresas en la iglesia, reciben todos una dispensación religiosa de las calorías.

11. Comida especial. Cualquier cosa que prepare alguno «especialmente para ti» debe ser ingerida a pesar de las calorías, porque de no ser así demostrarías desinterés e insensibilidad. Tus amables intenciones serán recompensadas.[3]

Las dietas pueden ser perjudiciales para tu salud

Al igual que otras miles de personas, he perdido peso pero parece que siempre logro volver a encontrarlo. Los entendidos en medicina lo llaman el «síndrome del yo-yo», y he tenido mi cuota de subidas y bajadas. Me la paso soñando con mi figura

delgada y juvenil, la cual ahora está escondida debajo de capas de relleno. Por ese motivo es que la caricatura en la página anterior es mi preferida.

Muchas personas «esponjosas» deben haber recibido aliento cuando la revista *Time* publicó un artículo que decía que gran parte de las dietas que se han implementado en años recientes pueden ser verdaderamente perjudiciales para la salud. Decía que el hecho de pasar por ciclos de pérdida de peso para luego volver a recuperarlo en realidad nos puede acortar la vida. El famoso estudio Framingham del corazón reveló que los que en sus dietas son como un yo-yo ven incrementado en un setenta por ciento su riesgo de morir de enfermedad cardíaca en relación con los que están excedidos de peso, pero que se mantienen en un peso relativamente estable. Los investigadores arribaron a la conclusión de que el estrés involucrado en la pérdida y recuperación de peso puede hacer aumentar la presión sanguínea y el nivel de colesterol, y es por eso que existe mayor peligro de enfermedad cardíaca.[4]

El artículo en *Time* no decía que todos deberían abandonar las dietas por completo. Pero lo que muchos necesitan hacer es ponerse metas más realistas y no intentar lograr una figura esbelta cual sílfide como las que continuamente aparecen en televisión. En 1990 el gobierno federal produjo un nuevo listado de tablas de pesos saludables para hombres y mujeres que admiten una variación que está en el orden de los catorce kilos para cada estatura y hasta un aumento de siete kilos después de alcanzar la edad de treinta y cinco años. Otra estadística, emitida por el Consejo de Control de Calorías, dice que la cantidad de personas a dieta en los Estados Unidos ha descendido de 65 millones en 1986 a 48 millones en 1991.[5]

Mi amiga, Lynda, leyó acerca de una idea fabulosa para controlar el peso. Los médicos te dan un globo para tragar el cual luego es inflado dentro de tu estómago. Por el hecho de que el globo le da a tu estómago la sensación de plenitud, no te dan deseos de comer y, por supuesto, bajas de peso. Sin embargo, este método presenta una traba. Es un HILO que está atado al globo que luego se extiende por el esófago y ¡sale por la nariz! (Al parecer el hilo es importante ante la posibilidad de que el globo se rompa o se presente otro tipo de emergencia.)

Lynda y yo empezamos a hablar de lo que haríamos si nos tragáramos uno de esos globos y tuviéramos el hilo colgando fuera de nuestra nariz. ¿Qué pasaría si uno de nuestros nietos decidiese pegarle un tirón? ¿O qué sucedería si se enganchara en nuestro cepillo de dientes?

Luego tuvimos una idea brillante. ¿Por qué no atarle a la punta una bolita de color brillante que quede colgando allí e iniciar así una nueva moda? Al cansarte de eso, podrías hacer la prueba de insertarte el hilo dentro de la nariz para que no quedase a la vista, pero entonces es probable que te provocara picazón que a la larga te haría estornudar y ¡el cordón saltaría para afuera! Si tuvieses dificultad para iniciar una conversación en alguna reunión, ¡con seguridad esa bolita te sería de gran ayuda!

El globo parecía una idea gloriosa excepto por ese estúpido cordón. Lástima. Lynda y yo finalmente decidimos que esta era otra cura milagrosa que tendríamos que descartar. Sea como fuese, decidimos pasar por alto la idea de tragar un globo y seguir luchando con la pelota playera poniendo en práctica lo mejor de nuestras habilidades.

Lo único que nos hace falta es madurez

Una razón por la que nos gusta reírnos de nuestras luchas contra el peso es porque resulta más efectivo que el llanto. Después de todo, si fuésemos «disciplinados y maduros», podríamos deshacernos de esos deseos infantiles de comer demasiado de lo que no es bueno para nosotros. Estoy a favor de la madurez, pero el problema es que la palabra sugiere santidad.

Si eres maduro, eres paciente y estás dispuesto a renunciar a la gratificación instantánea, aun cuando se trate de un pote de helado marca «Håagen Dazs».

Si eres maduro, puedes perseverar sin importar las dificultades que se te presenten o el desaliento que te embargue.

Si eres maduro, puedes enfrentarte a la frustración, a la incomodidad, al fracaso y a gran cantidad de otras cosas desagradables.

Las personas humildes son maduras. Tienen la capacidad

de decir «me equivoqué» y cuando tienen razón no tienen la necesidad de decir «te lo dije».

Cuando eres maduro, puedes tomar decisiones y aun respetarlas hasta lograr su concreción. Y, por supuesto, ser maduro significa ser confiable, cumplir con tu palabra y no escaparte usando excusas.[6]

La madurez implica crecimiento... y el crecimiento siempre es optativo. Por otro lado, el envejecimiento *no* es optativo... es obligatorio. Simplemente sucede, ya sea que estés preparado o no. Tal como dice Ashleigh Brilliant:

NO HAY NADA MÁS SILENCIOSO
QUE EL SONIDO DEL CABELLO VOLVIÉNDOSE CANOSO.[7]

¿Has asistido últimamente a una reunión de ex compañeros?

Como los lectores de *Love Line* [Línea de amor] saben que me gusta coleccionar dichos y poesías graciosos sobre el tema del envejecimiento, constantemente me llaman por teléfono o me envían recortes por correo. Hoy me llamó una señora y dijo que acababa de ver el siguiente cartel en un crematorio ubicado en Palm Springs, California:

ARDEMOS POR TU CUERPO.

He confeccionado el siguiente comentario acerca del envejecimiento, que fue recopilado de varias fuentes:

El material con el que se confeccionan hoy en día los vestidos es tan escaso, en especial alrededor de las caderas y de la cintura, que hace que resulte casi imposible alcanzar los cordones de los zapatos. Y las tallas no tienen el mismo tamaño de antes. Las tallas 40 y 42 son mucho más pequeñas.

Hasta la gente está cambiando. Son mucho más jóvenes de lo que solían ser cuando yo tenía su edad. Por otro lado, la gente de mi edad es mucho más vieja que yo.

El otro día me encontré con una antigua compañera de escuela y ha envejecido tanto que no me reconoció.

Me puse a pensar en la pobrecita mientras me peinaba

esta mañana, y al hacerlo le eché una mirada a mi propia imagen. Es increíble, ya ni hacen los espejos tan buenos como antes.

Otra forma para recordar el paso de los años es asistir a una reunión de ex compañeros. Sin duda has estado presente en una de esas actividades traumáticas, en las que arribas a la conclusión de que la mayoría de la gente de tu misma edad es mucho mayor que tú. Otra definición de un reencuentro es un acontecimiento «donde todos se reúnen para ver quién se está cayendo a pedazos».

Nunca he asistido a ningún tipo de reunión, ni de secundaria ni universitaria, pero el otro día viví algo que se le parece bastante. Mientras hablaba en una conferencia me encontré con dos caballeros que fueron a la escuela conmigo unos cuarenta años atrás. Tuvieron la suficiente amabilidad de decir que ME reconocían, pero debo admitir que apenas podía reconocerlos a ELLOS. Me hizo pensar en que se supone que los hombres tienen tres estilos básicos de peinado: con raya, sin raya y sin nada. Cuando vi sus cabezas calvas, también me trajo a la memoria el motivo por el que los hombres no se hacen estiramientos faciales: Si esperan lo suficiente, ¡su cara se estirará hasta meterse entre su cabello!

En las reuniones de ex compañeros lo que más nos ayuda a reconocer a nuestros antiguos compañeros es el rótulo que lleva inscrito su nombre. Es muy divertido hallar fotos de mí cuando era jovencita. Por alguna razón ese rostro dulce y tierno de la secundaria me resulta más familiar que el que ahora tengo. Aún puedo recordar que era tan delgada que debía beber un tónico para aumentar de peso. ¡Lo único que puedo decir es que dio un resultado espectacular!

Para todos los que nacieron «antes»

Una señal segura de que estás entrando en años es que puedes recordar cuando las cosas eran diferentes... ¡MUY diferentes! A menudo leo la siguiente lista a los que asisten a los retiros y otros programas donde voy para hablar. La he confeccionado juntando cosas de distintas fuentes, y a menudo crece en cuanto la he comentado con otro, porque alguno sugiere otra diferencia que puedo añadir:

¡CUÁNTAS DIFERENCIAS OCURREN EN CINCUENTA AÑOS!

Existimos desde antes de la pastilla anticonceptiva y de la explosión demográfica. Antes de la TV, la penicilina, las vacunas contra la polio, los antibióticos, los alimentos congelados, el nylon, el dacron o xerox. Existimos desde antes del radar, las luces fluorescentes, las tarjetas de crédito y los bolígrafos. Para nosotros, tiempo de relaciones significaba pasar tiempo juntos, no computadoras ni condominios.

Existimos desde antes de Batman y Snoopy. Antes del DDT y las vitaminas, los pañales desechables y los Jeeps. Precedimos a la cinta Scotch, el gran dique Coulee, los M&M, los cambios automáticos y los automóviles Lincoln Continental.

Cuando íbamos a la escuela se desconocían las pizzas, el jugo de naranja congelado, el café instantáneo y los McDonald's. Pensábamos que las comidas rápidas eran lo que se comía durante la Cuaresma.

Antecedimos a la radio FM, las grabadoras, las máquinas de escribir eléctricas, los procesadores de palabra, la música electrónica, los relojes digitales y el baile disco.

Estamos desde antes de las pantimedias y la ropa inarrugable, antes de las heladeras y los lavavajillas, las secadoras de ropa, los congeladores y las mantas eléctricas, desde antes de que Hawaii y Alaska fuesen estados.

Hemos precedido a Leonard Bernstein, el yogurt, Ann Landers, los plásticos, el fijador en aerosol para cabello, la semana laboral de cuarenta horas, el salario mínimo. Primero nos casábamos y después convivíamos. ¿Existe alguien más anticuado?

En nuestra época, se cortaba el césped y la Coca era una bebida.

Existimos desde antes de las máquinas expendedoras operadas con monedas, los aviones a reacción, los helicópteros y las autopistas interestatales. En 1935 «Made in Japan» era sinónimo de mala calidad.

Utilizábamos las plumas estilográficas con frascos de tinta de verdad. Usábamos medias confeccionadas de seda auténtica con costuras en la parte posterior que nunca estaban derechas. Nuestros autos tenían asientos más elevados en la parte posterior. Había heladerías en las esquinas, con mesitas y sillas de respaldo de hierro retorcido, donde se ofrecían tres sabores.

Estoy perdida en el tiempo y en la primavera de mi senilidad, estoy desubicada. No me gusta trotar. No sé cómo llenar de gasolina el tanque de mi auto. Mis piernas están blancas y mis medias son de color tostado cuando la moda indica lo contrario. No me agradan los vegetales, ni el yoga, ni el estilo punk.

Busco silencio cuando el silencio escasea tanto como una Biblia de Gutenberg. El hombre con el cual vivo es mi esposo y, al cabo de cuarenta y dos años, sigue siendo el mismo. ¡Qué vergüenza!

La abuela ya no es lo que era

Para muchas de las personas que somos mayores, los nietos vienen incluidos en el paquete. Alguien dijo:

> JUSTO CUANDO UNA MUJER PIENSA
> QUE SU TRABAJO SE HA ACABADO...
> PASA A SER ABUELA.

En realidad, mis dos nietas, Kandee y Tiffany, me causan más diversión que trabajo. Cuando Kandee tenía alrededor de cinco años, la llevé conmigo a la conferencia donde debía hablar. Durante el tiempo de canto, todas las letras de las canciones eran proyectadas sobre una gran pantalla y, al mirar hacia la audiencia, vi a la pequeña Kandee cantando vigorosamente como si pudiera leer la letra de cada canción. Sabía (o al menos suponía) que Kandee aún no sabía leer y más tarde le pregunté cómo era que conocía las letras de todas las canciones. «Ay, abuela Barbarita», dijo Kandee con entusiasmo, «no conozco ninguna de las letras. ¡Simplemente canto "zanahoria-caramelo" y sale lo más bien!»

Cuando Tiffany tenía seis años, me vio por televisión, donde estaba hablando acerca de una de mis calcomanías preferidas que dice: LA VIDA ES DURA Y DESPUÉS TE MUERES. Cuando volví a casa, Tiffany aún estaba allí y me dijo cortésmente pero con firmeza: «Abuela Barbarita, lo que deberías decir es: "¡La vida es dura y después tienes la dicha de morir para ir a estar con Jesús!"» Le hice caso al consejo de Tiffany y desde entonces lo he citado de ese modo.

Me agrada ser abuela, pero me esfuerzo por no volverme demasiado «abuelesca». Esta poesía lo resume bastante bien para mí:

LA EDAD VERSÁTIL

La vieja mecedora hoy está vacía
la abuela ya no la ocupa.
Partió en su auto rumbo a la oficina,
se mueve sin cesar, no para nunca.
No habrá de dirigirse temprano a la cama
desde su sitio junto a la chimenea.
Su máquina de escribir ni en la noche para
pues un libro está escribiendo la abuela.
La abuela jamás mira para atrás,
pues demora su continuo avance.
Cuidar de los niños ya no podrá
pues ahora se dedica al baile.

Origen desconocido

Envejecer con el Sr. Wumphee

El otro día vi una caricatura de una esposa que leía una revista sentada en un extremo del sofá mientras que su esposo, hundido en el otro extremo, dormía profundamente. La esposa decía: «Carl, si hemos de envejecer juntos, deberás aminorar la marcha y esperar que te alcance».

Eso me hizo sonreír por dos motivos: Era gracioso y me alegra no tener que decirle algo así a Bill. Yo diría que estamos envejeciendo juntos a un paso bastante parejo, aun cuando soy sanguínea y el Sr. Wumphee es melancólico puro. (En el caso de que quieras saber el porqué le digo Sr. Wumphee a Bill... Hace unos cuantos años me apodó «Cumphee». Me hacía falta algún apodo para él y se me ocurrió Wumphee, ¡no significa nada, pero al menos rima con Cumphee!)

Me gusta correr de un lado a otro, entusiasmarme y DIVER-TIRME, mientras que Bill es más serio y ordenado con respecto a la vida. Podrás imaginarte su disgusto cuando una noche, desde uno de los pisos superiores, subimos al ascensor de un hotel grande, nuevo y lujoso y decidí que tal vez sería diverti-do detenernos en cada piso mientras descendíamos... supongo que para ver si cada piso tenía el mismo decorado. De modo que recorrí con mi dedo todo el panel, ¡tocando CADA NÚ-MERO!

Como era de esperarse, el ascensor obedeció mi programa-ción y se detuvo en CADA PISO. La gente entraba y se pre-guntaba que era lo que estaba sucediendo ya que el ascensor se detenía en cada piso, las puertas se abrían y nadie se subía... ni se bajaba.

Bill se acurrucó en el rincón y aparentó no andar conmigo. Por supuesto que nadie sabía lo que había hecho, así que demostré estar tan sorprendida como el resto. «¿Qué le pasará a este sistema?», pregunté en voz alta. «¡Se espera que un hotel nuevo se esmere por lograr algo mejor que ESTO!» Probable-mente todos los que estaban a bordo pensaban que simple-mente le hacían falta algunos ajustes. ¡Yo no tenía la intención de decirles nada DIFERENTE!

Hicimos veintidós paradas en total antes de llegar al vestí-bulo. Para mí fue un recuerdo especial, pero para Bill fue una pesadilla. Aun ahora, cuando subimos a un ascensor donde hay muchos botones, él empieza a gemir cuando hago además de pasar la mano por el panel y repetir lo de aquella noche. Por supuesto que sólo bromeo, porque SÍ ESTOY intentando madurar mientras envejezco.

Pobre Bill. A él no le divierten para nada muchas de mis acciones alocadas. Para él resulta divertido alinear perfecta-mente los bordes del pan cuando hace emparedados o colocar todos los vasos en la alacena agrupados según su tamaño. También, cada mes, le agrada separar en carpetas por catego-ría todas las cuentas de los Ministerios Espátula.

Justamente el domingo pasado fuimos a la casa de un vecino y Bill inmediatamente notó que el cable del teléfono estaba

LOS PELDAÑOS DE MI ESCALERA HAN COMENZADO A GASTARSE

ASÍ QUE HE COLOCADO UNA PASA
EN EL CENTRO DE CADA UNO
PARA QUE ME RECUERDE USAR
POR ALGÚN TIEMPO LOS BORDES DE AFUERA.

todo retorcido. De modo que le dedicó quince minutos hasta dejarlo totalmente desenredado. Bill detectó rápidamente el cable retorcido porque siempre está desenredando el nuestro. Después que hablo por teléfono todo el día, el cable llega a enredarse bastante... ¡hasta yo también quedo envuelta!

Por lo general, Bill recuerda las cosas y los detalles mejor que yo. Mantiene al día la cuenta corriente de Espátula y siempre hace el balance de la chequera hasta el último centavo. Por contraste, yo manejo nuestra cuenta corriente personal y si quedo a veinte dólares de diferencia del resumen de cuentas bancario, ¡me parece que estuve excepcional!

Es posible que Bill sea un experto con los detalles, pero el tacto y la diplomacia no son dos de sus puntos fuertes. Un día me puse un vestido nuevo para ir a grabar un programa de TV. Justo antes de salir para el estudio le pregunté si me veía bien. Bill dijo: «Se te ve bien, tienes aspecto MATRONAL!»

Ahora bien, sé que SOY una matrona, ¡pero no deseo que se me diga que tengo ASPECTO de matrona! Volví al dormitorio, me puse otra cosa y prometí solemnemente que nunca me volvería a poner el vestido «matronal». Es probable que Bill nunca sepa cuánto le costó esa observación. Supongo que hizo el comentario con gran inocencia porque para él la palabra matronal significa respetable o conservadora, pero para MÍ quiere decir que estoy lista para usar medias elásticas.

¿Serán tan sabrosos los maníes de goma?

Generalmente he sido la bromista de la familia, pero de vez en cuando Bill se pliega a la broma también, a veces sin saberlo. Cuando aún vivía la madre de Bill, varios años atrás, a menudo él iba a pasar el día con ella y con su padre. Como a ella le gustaban las nueces de todo tipo, le enviaba algún plato especial hecho con ellas. A veces simplemente enviaba un plato que contenía una variedad de frutas secas para deleite de la abuela.

Faltaba poco para el Día de los Inocentes y Bill se dirigía hacia la casa de su mamá, así que decidí divertirme un poco. Encontré un paquete de maníes de GOMA y los mezclé con las nueces que le había preparado. Pensé que sería gracioso que la abuela probase uno de los maníes de goma y se riera de la broma que le jugaba.

Esperé todo el día el regreso de Bill para que me contase lo sucedido al probar la abuela los maníes de goma. Él entró y colocó sobre la mesa el plato vacío y le pregunté:

—¿Dónde están los maníes de goma? ¿Qué dijo tu mamá cuando los probó?

—No lo sé —contestó Bill.

—¿Cómo que no sabes? ¡Todos los maníes de goma se han ACABADO!

—Bueno —dijo Bill—, no estoy seguro de lo que sucedió. Le di a mamá el plato y papá y yo salimos a hacer compras. Cuando regresamos, ¡estaba vacío!

—¿Quieres decir que ella se comió TODOS los maníes? —le pregunté espantada.

Bill sonrió a medias y dijo:

—Cuando le pregunté lo que había hecho con los maníes de goma, simplemente me contestó: «¿Cuáles maníes de goma?»

Sé que algunas de estas historias alocadas que cuento en ocasiones resultan bastante difíciles de creer. ¡Pero te aseguro que no estoy inventando este relato! Y si lo piensas, es posible que la abuela haya comido los maníes de goma sin siquiera darse cuenta. Después de todo, en ese momento tenía ochenta y siete años y aún tenía su propia dentadura. Ella siempre comía todo lo que le enviaba con ganas y con gusto. Además, la abuela vivió casi diez años más, ¡de modo que los maníes de goma no pueden haber sido la causa de su fallecimiento!

El Sr. Wumphee generalmente me acompaña en mis viajes cuando se me invita a hablar fuera de mi ciudad. Recientemente estuvimos en Spokane y alguien invitó a Bill para que subiese a la plataforma para decir algunas palabras. Bill dice que detesta hacer tal cosa, pero siempre parece divertirse mucho al igual que quienes lo escuchan.

En esa ocasión en particular, dijo: «Sólo tengo una cosa que comentar. Creo que los que están casados debieran ser amigos del alma, y es por eso que me agrada ponerme este prendedor que dice "Amigos del alma"». Luego mostró un prendedor que había adquirido en la conferencia donde se veía una foto de NOSOTROS DOS. Pues, aunque somos muy distintos, ambos nos hacemos mucho bien el uno al otro. ¡No nos importa envejecer, porque contamos con un amigo del alma que nos haga compañía al envejecer!

Aún nos queda mucho por crecer

Aún estoy tratando de decidir lo que quiero ser cuando crezca. De vez en cuando me pregunto: *¿Cómo es posible que haya recorrido tanto y me quede aún tanto por recorrer?* Una buena meta, y te invito a que la adoptes también, es llegar a ser lo que esta poesía denomina un «adulto de mediana edad»:

> No somos tan egocéntricos como solíamos ser.
> No criticamos tanto ni somos tan tontos.
> La adultez ha llegado y con ella ha traído
> (además de la profundización de marcas de risa)
> dulces recompensas.
>
> No nos creemos tan justos como solíamos pensar.
> Hemos aprendido a diferenciar lo verdadero de
>   lo falso.
> El crecimiento es difícil, pero trae consigo
> (junto con el deterioro de las encías)
> dulces recompensas.
>
> No tenemos tanta autocompasión como solíamos tener.
> Sabemos lo que nos agrada... al trabajar, al jugar.
> Nos aguarda aún más crecimiento. Que pueda aportar
> (junto con suavizar la línea mandibular)
> dulces recompensas.

Origen desconocido

Una de mis actrices favoritas es Angela Lansbury, la cual prácticamente ha convertido en modo de vida el programa «Murder, She Wrote» [Escritora del crimen] para miles de personas a lo ancho del país. Recientemente escuché una entrevista realizada a Angela en el programa de «Donahue», y una mujer del público dijo que su madre ni siquiera contestaba el teléfono durante la hora en que se trasmitía «Murder, She Wrote» [Escritora del crimen].

Mientras estaba sentada admiraba el modo de proceder de

Angela en el programa «Donahue», pensé, *Angela Lansbury es el ideal de lo que quiero llegar a ser cuando tenga su edad.* Pero luego me di cuenta de que YA TENGO su edad... ¡al igual que Shirley Temple, Mickey Mouse y Erma Bombeck!

Sé como niño, no infantil

Para ser franca, supongo que más me interesa ser como un niño que alcanzar la madurez. Nótese que dije ser *como* un niño, no ser *infantil*. Hace casi diez años escribí una página para nuestra circular informativa *Love Line* [Línea de amor] de septiembre que decía:

> Bueno, todos los niños comienzan su año escolar y la mayoría de las que somos madres con edades que oscilan entre el estrógeno y la muerte, no nos vemos en la necesidad de pensar en las ventas especiales con motivo del retorno a la escuela ni en la preparación de almuerzos que incluyan «hormigas sobre un tronco» (apio relleno de pasta de maní con unas pasas por arriba). El mes de septiembre me hace pensar en niños y me recuerda que ya no volveré a ser niña ni tendré niños. Pero sé que aún hay DENTRO DE MÍ una niña que me ayuda a reencontrar el sentido de asombro y espontaneidad que pierden tantos adultos a medida que van creciendo. Me gustaría contarles algunos pensamientos sobre formas de MANTENER vivo ese niño que llevamos dentro.
>
> Se dice que la vida comienza al cumplir los cuarenta... ¡pero comienza a DESINTEGRARSE! Cuando cumples CINCUENTA, verdaderamente estás en la etapa que va del estrógeno a la muerte y constantemente se nos recuerda que necesitamos de mayor tiempo y energía ¡sólo para MANTENER EL ESTADO! Y qué si nos sobreviene el proceso de envejecimiento... ¡A TODOS les sucede! ¡Lo bueno es que NO ES TU CULPA! ¡Qué maravilloso es saber que esta situación no nos sucede como resultado de algo que hicimos! ¡En esto no nos pueden echar culpas!
>
> Cuando aconsejo a madres que aún se encuentran «en la zona de penumbras» las animo a inyectar en sus vidas un poco de humor. Nuestra juventud puede estar perdida o en

el ocaso, pero al permitirnos volver a ser niños, podemos extraer de una fuente interna sin límite. De modo que aprende a reír. Los niños se ríen de puro gozo... sin necesidad de tener un gran motivo para hacerlo. Deja de tomarte con tanta seriedad. Haz algunas cosas divertidas por el simple hecho de ser impulsivo y aventurero. Si tu vida está tan planificada que no puedes ser flexible, has olvidado cómo ser como niño. Sabemos que el «endurecimiento de las actitudes» es una señal INDUDABLE del advenimiento de la vejez.

De modo que relájate en todas las áreas que puedas. Presta atención a ese niño que habías perdido durante tanto tiempo y no dejes escapar la pequeña y sencilla bendición, a menudo fugaz. Recuerda la dulzura del otoño, la fragancia penetrante de la cáscara de naranja que me trae tantos recuerdos navideños, la sorpresa en los ojos de los niños al ver los destellos plateados de una mañana escarchada.

Reflexiona acerca de juguetes compartidos y amistades gratificantes. ¿Te acuerdas del cielo color zafiro y los colores brillantes que seguían a la puesta del sol? Ver y apreciar estas cosas es como mirar el mundo a través de los ojos de un niño. ¡VUELVE A SER UN NIÑO! Permítete volver a capturar esa esencia de la niñez. Es maravilloso ser COMO UN NIÑO, solamente no lo confundas con ser INFANTIL. HAY una diferencia.

A casi diez años de escribir esas palabras, las encuentro aun más ciertas que antes. Como dice Bonnie Prudden:

NO PUEDES VOLVER EL RELOJ HACIA ATRÁS,
PERO LE PUEDES VOLVER A DAR CUERDA.

Para mí, ser como un niño significa aceptar las manchas de la edad, las arrugas y otras señales externas de la vejez con la mayor gracia y el mayor estilo posibles. ¡Después de todo es mejor estar en bajada que aplastado!

En lo que respecta a la batalla contra la gordura, NO TE DES POR VENCIDO PORQUE SE APROXIMA LA AYUDA. De acuerdo con los expertos, se está elaborando una pastilla antigordura. Aún faltan unos cuantos años para que esté disponible, pero están intentando desarrollar formas de engañar al cerebro para que piense que el cuerpo es más gordo de lo que es en realidad. De algún modo, esta pastilla te dirá que tu cuerpo ya ha recibido suficiente comida y no sentirás ese deseo de comer algo a la medianoche o a media tarde. ¿Te imaginas cómo sería tener la posibilidad de tomarte cada día tu pastilla antigordura? ¿Y por qué no? Hay remedios para casi cualquier otra enfermedad o condición.

De modo que no dejes de empujar hacia abajo esa pelota playera. ¡En un par de años es posible que se haya ido para siempre!

Salpicaduras...

NADÉ DIEZ VUELTAS
CORRÍ CINCO KILÓMETROS
RECORRÍ DIEZ KILÓMETROS
EN BICICLETA...
¡HA SIDO UN BUEN AÑO!

* * * * * *

Probablemente lo único maravilloso de las pantimedias es que cada vez que las lavas vuelven a su forma original. Al mirar esos quince centímetros de nylon arrugado, muerto de hambre y fruncido me siento renacer. Dios me ha brindado una segunda oportunidad de volverlas a llenar.

* * * * * *

ERES LO QUE COMES
POR ESO SÓLO COMO LO QUE ES RICO.

* * * * * *

Cuando volvieron a estar de moda las faldas cortas, una mujer desenterró de su ropero una vieja minifalda. Se la probó, pero no podía decidir qué hacer con la otra pierna.

* * * * * *

LA FORMA MÁS FÁCIL DE OBTENER
UN CUERPO SALUDABLE
ES CASARSE CON UNO.

* * * * * *

NO SOY RICO NI FAMOSO...
PERO SÍ TENGO
NIETOS IMPAGABLES.

* * * * * *

QUÉ CONTAR

No cuentes los años que han pasado,
sólo cuenta el bien que has hecho;
las veces que tu ayuda has brindado,
los amigos que te has ganado.
Cuenta tus acciones bondadosas,
las sonrisas, no las lágrimas;
cuenta los placeres que has disfrutado,
¡pero nunca cuentes los años!

Origen desconocido

* * * * * *

MI MENTE FUNCIONA COMO EL RELÁMPAGO...
¡UN BRILLANTE DESTELLO QUE INMEDIATAMENTE
VUELVE A DESAPARECER!

* * * * * *

NUNCA INTENTES ADIVINAR LA TALLA DE TU ESPOSA.
CÓMPRALE SIMPLEMENTE ALGO DE TALLA PEQUEÑA
Y GUARDA EL RECIBO.

* * * * * *

NO EXISTE MEJOR EJERCICIO PARA EL CORAZÓN
QUE AGACHARSE PARA LEVANTAR A ALGUIEN.

* * * * * *

MI MEMORIA ES EXCELENTE. SÓLO HAY TRES COSAS QUE
NO PUEDO RECORDAR. NO PUEDO RECORDAR ROSTROS,
NO PUEDO RECORDAR NOMBRES Y AHORA NO ME
ACUERDO DE LA TERCERA.

* * * * * *

VÉNGATE:
VIVE EL TIEMPO SUFICIENTE
PARA CONVERTIRTE EN PROBLEMA
PARA TUS HIJOS.

* * * * * *

Yo seré su Dios en toda su vida;
    sí hasta que su cabello se encanezca por la edad.
Yo los hice y yo los cuidaré.
    Los llevaré en mis manos y seré su Salvador.

Isaías 46.4, «La Biblia al día»

La maternidad no es para cobardes

*Limpiar tu casa
mientras que tus hijos están creciendo,
se asemeja a despejar la acera con la pala
antes que deje de nevar.*[1]

Cada mes de mayo dedico nuestra circular informativa *Love Line* a las madres porque:

1. Es el «Día de las Madres».
2. Se lo merecen.

Al menos una vez por año las mamás deberían tener la posibilidad de despertarse y darse cuenta de que:

NO SÓLO SOY AMA DE CASA,
SOY UNA DIOSA DOMÉSTICA.[2]

Sé que muchas madres están optando por carreras fuera del hogar, pero eso no elimina sus tareas de «ama de casa». Yo misma he trabajado ocasionalmente a través de los años, pero siempre regresaba a casa al final del día para encontrarme con las tareas domésticas, lo cual rara vez me producía la sensación de ser una diosa doméstica. Encontré un artículo titulado: «¿Quién cumple la función de madre para las madres?» Esa es una pregunta provocativa. Ciertamente que no lo hace el esposo. Él tiene sus propias actividades y responsabilidades.

Algunas madres más jóvenes dicen que sus esposos les brindan más ayuda en el hogar, pero al parecer sólo son una minoría. Aun en lo que se denomina los «iluminados años noventa», *la familia aún depende de la mamá para hacerla funcionar*. Me gusta el verso de un poeta desconocido que describe una escena que resulta demasiado conocida para muchas madres:

Sobre detergente y decisión

Algunos el monte Everest quieren escalar
    buscando una fuerte emoción lograr,
pero yo escalo picos que son su rival
    al trasponer la puerta del cuarto de lavar:
colinas de ropa interior y de medias,
    peñascos de pantalones y camisas.
Es cierto que vivo atemorizada
    ¡de ser, por una avalancha, aplastada!

¿Quién cumple la función de madre para las madres? Ciertamente que no lo hacen los niños. ELLOS son los que se levantan cada mañana decididos a probar que la maternidad no es para cobardes.

Entonces, ¿quién cumple verdaderamente la función de madre para las madres? ¡Por supuesto que otras madres! Sólo una madre comprende cuando otra necesita un descanso de la locura del compromiso de llevar a los niños a las escuelas, o un oído atento o simplemente que se tenga la discreción de mirar hacia el otro lado cuando los niños sufren un temporal ataque de locura al llegar a la caja registradora a la salida del supermercado.

En Espátula hacemos lo posible por poner a las madres que sufren en contacto con otras madres que sufren para que puedan hallar consuelo, ayuda, crecimiento y... MEJORÍA. Los esposos son los protectores y los encargados de ganar el pan, pero no siempre están equipados para ayudarnos cuando sufrimos. A menudo, lo mejor es encontrar una sólida AMIGA cristiana para que nos escuche mientras ventilamos nuestros sentimientos y liberamos nuestras emociones atrapadas. Luego veremos que comenzaremos a SANAR. Recibiremos consuelo. ¡ESTO VERDADERAMENTE DA RESULTADO!

Nunca dejas de ser madre

¿Dónde estaríamos sin nuestros hijos? ¿En Maui tal vez? ¿El Caribe? ¿Acapulco? Durante años he coleccionado dichos y refranes que se refieren al «desafío» que presenta la maternidad (también la paternidad). A continuación incluyo algunos ejemplos:

EL SECRETO DEL ÉXITO EN EL TRATO CON UN NIÑO
ES NO SER SU PADRE.

* * * * * *

EL GOZO DE SER MADRE:
LO QUE SIENTE UNA MADRE CUANDO TODOS LOS NIÑOS
FINALMENTE ESTÁN EN LA CAMA.

* * * * * *

SE LE PREGUNTÓ A UNA MADRE DE TRES NIÑOS
CONOCIDOS POR LO REVOLTOSOS QUE ERAN: «SI
PUDIERAS VOLVER A VIVIR TU VIDA, ¿TENDRÍAS HIJOS?»
«SÍ», RESPONDIÓ ELLA, «PERO NO LOS MISMOS».

* * * * * *

EL CONSEJO MÁS INTELIGENTE SOBRE
LA CRIANZA DE LOS HIJOS
ES QUE DISFRUTES DE ELLOS
MIENTRAS AÚN ESTÉN A TU LADO.

* * * * * *

JUSTO CUANDO MEJORA LA CONVIVENCIA CON TUS HIJOS
SE VAN A VIVIR CON OTRA PERSONA.

* * * * * *

Obviamente, todas estas bromas y mofas acerca de ser padres sólo disimulan lo que sabemos que es verdad: Las madres no son COBARDES, pero SI SON personas blandas

Intento sólo vivir
de día en día . . .

pero últimamente me han
atacado varios días juntos.

que harán CUALQUIER COSA por sus hijos. Podemos superar muchas cosas, pero nunca dejaremos de ser madres.

Por ejemplo, mi hijo menor, Barney, que vive cerca de Carson City, Nevada, con su esposa, Shannon, y sus hijas, Kandee y Tiffany, recientemente viajó en avión a Florida para tomar un curso que lo capacitaría para su negocio de jardinería. El día que Barney viajó, un noticiero de la radio dijo que había una gran invasión de abejas asesinas en la Florida e inmediatamente recordé que Barney es alérgico a las picaduras de abeja. Mi primer pensamiento fue: *Me pregunto si habrá recordado llevar consigo el antídoto contra picaduras de abeja (el que lleva en su camión cuando está trabajando). Estoy segura que no lo llevó.*

Casi no podía esperar a llamar por teléfono a Shannon para

enterarme de lo que había pasado. Shannon no contestó, de modo que comencé a orar: «Señor, protégelo porque si recibe una picadura y no tiene consigo el antídoto y no llega hasta un hospital... lo que quiero decir es que... ¡podría MORIR! Comprendo que tú ya sabes esto, Señor, pero también sabes que yo soy su madre y no puedo evitar recordarte, de vez en cuando, estas cosas».

Allí estaba yo, orando por mi hijo de treinta y dos años el cual hacía catorce años que no vivía en casa, ¡y aún me preocupaba por si llevaba consigo su antídoto contra las picaduras de abejas o no!

Por fin, dije simplemente: «Dios mío, tendrás que protegerlo y rodearlo con tus brazos porque yo no puedo. Si él no tiene el antídoto y lo pican... pues, que pueda acercarse hasta un hospital para recibir ayuda».

Resultó que Barney no había llevado consigo el antídoto, pero no fue picado por una sola abeja. ¿Lo protegió el Señor por causa de mi oración? Me gusta creer que sí... o que por lo menos le di un empujoncito. Dios comprende que nunca dejas de ser madre. No puedes renunciar. No existe escapatoria. Te preocupas por tus hijos... y después te preocupas por ellos otro poco. El tener un hijo se parece a ser condenado a cadena perpetua sin posibilidad de obtener libertad bajo palabra. Eres madre hasta que te lleven a la tumba.

¿Por qué lloran las madres?

Siendo madre he derramado mi cuota de lágrimas por mis hijos del mismo modo que lo has hecho tú. Me encanta una columna que me envió alguien que habla de por qué lloran las madres. De acuerdo con el autor, cuando era un niñito encontró a su madre tarareando su canción preferida «Canción de cuna irlandesa» mientras corrían lágrimas por sus mejillas.

—¿Por qué lloras? —Le preguntó a su mamá.

—Porque soy una madre. —Le contestó ella.

—No comprendo. —Dijo él.

—Nunca lo entenderás. —Le dijo simplemente su madre y lo abrazó con fuerza.

Luego el muchacho le preguntó a su padre el motivo por el que su madre parecía llorar sin razón.

—Todas las madres lloran sin motivo, —fue lo único que atinó a decir su papá.

El niño creció preguntándose aún el porqué del llanto de las madres, así que finalmente hizo una llamada a Dios y cuando consiguió comunicarse, Él le dijo:

—Verás, Stan, cuando hice a las madres era necesario que fuesen especiales. Les di hombros dotados de la fuerza necesaria para cargar con el peso del mundo. Les di fuerza interior para poder soportar el parto y el rechazo que a la larga reciben de parte de sus hijos.

»Les di la robustez necesaria para seguir adelante cuando todos los demás se dan por vencidos y para cuidar de sus familias en enfermedad y fatiga sin quejarse.

»Les di la sensibilidad necesaria para amar a sus hijos en toda circunstancia sin importar cuánto hayan sido lastimadas. Esta misma sensibilidad las ayuda a hacer que se mejore la lastimadura de un niño y las ayuda a sentir las ansiedades de un hijo adolescente.

»Les di una lágrima para derramar. Les pertenece exclusivamente para que la usen cuando haga falta. Es su única debilidad. Es una lágrima para la humanidad.[3]

Aquí va otra historia acerca de las lágrimas de una madre que me envió una de mis amigas:

Una vez había una procesión de niños que marchaban en el cielo. Cada niño llevaba una vela encendida y cantaba al marchar. Sus caras trasmitían felicidad. Pero una niña permanecía sola.

—¿Por qué no te unes a nosotros, niñita? —Preguntó un niño feliz.

—No puedo, —respondió ella—. Cada vez que enciendo mi vela, mi madre la apaga con sus lágrimas.

Las trampas que se presentan al ejercer la función de padres

Dos trampas comunes en las que caen muchos padres, en especial las madres, son:

1. Tener miedo de permitir que sus hijos crezcan, que tengan experiencias, que tropiecen con algunas piedras en el camino.

2. Sentir culpa cuando ellos, efectivamente, tropiezan, experimentan dificultades, se rebelan o les suceden cosas peores.

La primera trampa, querer brindarles una vida que se deslice suavemente, es el síndrome de la «sobrepaternalización», o lo que Erma Bombeck denomina MEE (madre en exceso). Una madre debiera ser como una manta... que abrigue a los niños sin ASFIXIARLOS.

Desde el momento que pueden empezar a deambular por cuenta propia, nuestros niños se quieren separar de nosotros. A la edad de dos años nos dicen: «YO lo hago». Para cuando llegan a la adolescencia, los niños prácticamente están en guerra con sus padres por lo que piensan que pueden o no pueden hacer.

Desde el punto de vista de los padres, los niños piensan que son mucho más capaces de lo que en realidad son. Además, si tan solo se comportaran con mayor RESPONSABILIDAD, posiblemente las madres no tendrían la necesidad de preocuparse tanto. Tal vez has escuchado algunas de las siguientes frases y hasta es probable que hayas utilizado alguna de ellas:

EL MUNDO SEGÚN LOS PADRES

- «Tráeme el vuelto».
- «Llámame cuando llegues».
- «Espero estar con vida cuando tus hijos cumplan dieciséis años».
- «Deja de protestar y cómetelo, NADIE VIVE PARA SIEMPRE».
- «Si te rompes la pierna, no esperes compasión de mí».
- «Te PIDO que te diviertas».
- «Dale una alegría a tu madre».
- «Ya verás lo que sucede cuando llegue tu padre».

Origen desconocido

los niños son de gran consuelo en la vejez . . .
¡también nos ayudan a llegar allí con mayor rapidez!

Don del Señor son los hijos [...]
Salmo 127.3 (Biblia de las Américas)

Del mismo modo que la mamá ave empuja a sus pichones fuera del nido y la osa echa a sus pequeños oseznos de la cueva para que empiecen a procurar su propio alimento, así también nosotras las madres humanas debemos permitir que nuestros hijos se independicen. Tal como dice un escritor: «¡Nos aferramos a nuestros hijos como si temiésemos confiárselos a Dios!»[4]

No estoy sugiriendo que ignoremos a nuestros hijos... lejos esté de mí. Pero pienso que deberíamos empezar a soltarlos mucho antes. Una de las maneras de hacer que la vida sea *difícil* para nuestros hijos es darles una vida demasiado *fácil*.

En el capítulo 3 hablé de cómo solté a Larry y finalmente pude orar: «Haz lo que quieras, Señor», cuando él parecía estar tan apartado y alejado de Dios y de los fundamentos que le habíamos brindado. Sin embargo, lo que es mejor aun es que las madres oren cuando sus hijos sean aún pequeños, al comprender que: «Dios tiene una Voluntad y un Camino para nuestros hijos, y es posible que la senda que nos aguarda sea escabrosa. Él los conoció de antemano al igual que nos conoció a nosotros. En algún momento deberán encontrarse Dios y el niño y establecer su propia relación».[5]

La culpa rápidamente se convierte en un profundo pozo ciego

La otra traba que se convierte en pozo ciego para tantos padres es la culpa, la emoción que Erma Bombeck denomina «el don que sigue dando». Un tema constante que se presenta en muchas cartas que recibo tiene que ver con la culpa y la sensación de fracaso que sienten los padres cuando un hijo se rebela y rechaza los valores de la familia. Como escribió una madre:

> Sé que existen muchos padres que sufren y que no estamos solos. Queremos mantenernos firmes y ser fieles, ¡queremos ser felices! No queremos optar por la desdicha, [pero] hemos fracasado.

La culpa resulta particularmente abrumadora cuando un padre o una madre recibe la siguiente noticia de su hijo o hija: «Mamá, soy homosexual... Lo he sido desde que tengo memoria». Una madre, cuyo hijo creció yendo a la iglesia y en algún momento asistió a una universidad cristiana teniendo como meta trabajar con jóvenes para aconsejarlos contra el uso de drogas, me escribió para decirme lo siguiente después de enterarse de que era homosexual:

> Bárbara, pensé conocer las respuestas antes de que fuera *mi hijo* el afectado. Es un secreto que cargo con vergüenza; me duele tanto que mis dos únicos hijos estén tan apartados.
> ¿Cómo suceden estas cosas? ¿Por qué? ¿Qué puedo hacer?... Estoy desesperada... ¡Ayúdame a socorrer a mi hijo!

Otra madre me escribió después de hablarme por teléfono acerca de su hijo, cuyo estilo de vida homosexual estaba afectando a sus hijos menores, como así también a toda la familia. A pesar de que les partía el corazón, ella y su esposo tuvieron que pedirle que se fuera por causa del daño que estaba causando en su hogar. No podían permitir que los pecados de una persona destruyesen a toda la familia.

Al principio estaba enojado y tuvieron poco contacto con él, pero sí pasó Navidad con la familia y se llevaron bastante bien, principalmente porque ella y su esposo no lo discutieron ni lo juzgaron. Sin embargo, su relación sigue siendo tirante, y escribe lo siguiente:

> Lo que ha sido difícil de comprender para mi esposo y para mí es el motivo por el cual está tan metido en esto. Lo criamos enseñándole la fe en Dios y en la salvación. En este momento mi esposo básicamente siente enojo y alivio por el hecho de que ha salido de la casa, pero yo necesito orar diariamente pidiéndole a Dios que me dé la fuerza necesaria para confiar en Él. Puse a mi hijo en sus brazos, y aun así sigo sintiendo ansiedad cada día. Me la paso revisando el periódico o mirando atentamente por las calles cuando estoy en un área donde pienso que él puede estar.
>
> Posdata: ¿Tiene alguna sugerencia acerca de qué hacer para no sentirme tan culpable? Especialmente desde que le pedimos que se fuera, me siento como una hipócrita, aun cuando las circunstancias nos obligaron a tomar esa determinación. Pero me siento muy mal. Una parte de mí quiere traerlo de vuelta a casa y cuidar de él.

Otra madre me escribió para contarme del divorcio de su hijo y de su regreso a casa, donde ahora vive con sus padres y «bebe demasiado». Sus dos hijitas vienen a visitarlo los fines de semana. La carta de la madre sigue así:

> Fue criado en un hogar cristiano, por eso me sentía muy culpable, tenía la convicción de que había fallado en algo. Con seguridad que Dios me guió a esa librería cierto día cuando necesitaba escuchar las palabras de gozo que encontré en tu libro... Me ha abierto tanto los ojos. Sé que debo amarlo y dejar que Dios lo cambie. Nosotros, los padres, sentimos que el cambio es una tarea que nos corresponde. No es así. Le corresponde a Dios.

¡Esta mamá ha entendido el mensaje! Lo que nos corresponde es amar a nuestros hijos; a Dios le atañe producir en ellos convicción de pecado.

Cuando un hijo se aparta o adopta un estilo de vida destructivo, los padres automáticamente preguntan: «¿En qué me equivoqué?»

«En nada que no se hayan equivocado muchos otros padres

también», les contesto. «Recuerda que Dios nos llama a ser fieles; no nos llama a tener éxito».

Los padres sólo pueden dar lo mejor de sí... ni más, ni menos. Aun así, lo que hagan o dejen de hacer no es la causa final de cómo serán sus hijos. Durante años la escuela de sicología de la conducta ha dicho que el medio ambiente ejerce la principal influencia sobre el desarrollo de un niño, pero en la actualidad hay más sicólogos que están diciendo que la genética es el factor clave. Debido a que ni los expertos se ponen de acuerdo en este tema es posible que sea un balance o una mezcla de ambos.

El punto en cuestión es que los padres no necesitan aceptar la culpa de las decisiones de sus hijos. No es necesario cubrirse con un manto de culpa. En lugar de eso, envuélvete en el manto de consuelo de Dios y recuerda dos cosas:

1. SI NO HAY CONTROL
   NO HAY RESPONSABILIDAD.
2. DIOS DIRÁ LA ÚLTIMA PALABRA
   CON RELACIÓN A LO QUE LE SUCEDA A TU
   HIJO.

También recuerda que la gracia de Dios es abundante para todos nosotros. La gracia hasta puede cubrir tu vergüenza y culpa, a pesar de lo mal que te sientas.

Como usamos y volvemos a usar muchos casetes, Bill me compró un invento fabuloso llamado un borrador de cintas. Introduces un casete dentro del aparato y cuando sale, la cinta está completamente en BLANCO. Algo que tiene adentro borra la cinta para volverla a utilizar en la grabación de un nuevo material.

Esta máquina sólo tiene aproximadamente el tamaño de un casete y funciona a las mil maravillas. Le pegué afuera una caricatura que es un dibujo de una niña que pregunta: «Querido Dios, cuando perdonas... ¿usas un borrador?»

A veces me siento y borro cientos de casetes para volverlos a usar, y reflexiono sobre esa tierra maravillosa del nuevo comienzo donde recibimos perdón por nuestros pecados y limpieza de toda maldad (1 Juan 1.9). El Calvario cubre TO-DOS mis pecados pasados. Jesús tomó sobre sí toda nuestra culpa y borró todas las acusaciones en contra de nosotros. Del mismo modo que mi pequeño borracasetes puede limpiar un casete y hacer que sea posible volver a usarlo como si fuese nuevo, Dios puede limpiar mi corazón y dejarlo como nuevo.

Y lo más importante para recordar es que el «borracasetes» de Dios siempre está listo cuando fallamos o nos equivocamos. Posiblemente has escuchado la historia del ministro que invitó a cenar a unos importantes líderes cristianos. Su esposa preparó una hermosa cena formal usando su cristalería, platería y porcelana más fina. Su hijo de siete años estaba sentado a la mesa y al extender su brazo para alcanzar algo viró su copa de agua. Se produjo un momento tenso y silencioso. El rostro del niño traslucía temor al mirar a su padre, quien tenía la vista fija en él.

Luego el ministro extendió su mano y tiró su propia copa, derramando agua por todas partes al igual que había hecho su hijo. Imitándolos, cada huésped hizo lo mismo. Era como si todos comprendiesen que el padre no quería que el hijo solo sintiera culpa. Él estaba dispuesto a identificarse con su hijo en este momento embarazoso.

Esta pequeña y simple historia solamente es un atisbo del modo en que funciona la gracia. Sin embargo, nos ayuda a imaginarnos cómo se identifica Dios con nosotros en todos nuestros sufrimientos y fracasos. Y al identificarse Dios con nosotros NOS CUBRE DE SALPICADURAS DE GRACIA. Hay de sobra para todos.

Las experiencias de hoy son los recuerdos de mañana

En lugar de ser una madre asfixiante para tus hijos y luego sentirte culpable por sus malas decisiones, aprovecha en cambio toda oportunidad posible para crear buenos recuerdos. Ser una madre en exceso significa centrarte tanto en el niño que ni tú ni él disponen de suficiente espacio para respirar. Para crear buenos recuerdos es necesario que se enfoque en AMBOS. Realiza cosas que formen buenos recuerdos para el niño, pero que también lo sean para TI.

En el capítulo 2 describí los recuerdos agridulces que se presentan cuando la pena invade a una familia. Pero también hay recuerdos AGRADABLES o QUERIDOS que nos traen a la memoria sueños, planes y buenos momentos que son y siempre serán parte de nosotros. Recordemos:

LA MEMORIA ES UN MARAVILLOSO COFRE DEL TESORO PARA AQUELLOS QUE SABEN CÓMO CARGARLA.

No resulta sorprendente que tantos hombres de mediana edad, en particular, salieran del cine con lágrimas en sus ojos después de haber visto *Field of Dreams* [El campo de sueños]. La película, acerca de un hombre que convierte un sembradío de maíz de Iowa en un diamante de béisbol que hasta luces tenía, tocó un punto sensible a lo ancho de América porque hizo recordar a muchos hombres los días cuando jugaban béisbol y soñaban tal vez con llegar a las ligas mayores.

Para todos nosotros, las experiencias de hoy son las memorias del mañana. Cuando en retrospectiva miro las cosas que me sucedieron de pequeña, hace más de cincuenta años, están presentes las memorias indelebles que me recuerdan quién soy y de dónde vine.

Comencé a cantar cuando tenía unos tres años y, como mi padre era director de música de una iglesia, me brindaba todo tipo de oportunidades. Por ejemplo, Billy Sunday, el Billy Graham de aquel entonces, vino a nuestra ciudad para predicar. Mi padre me puso sobre una silla para que pudiera llegar hasta el micrófono y cantar durante las reuniones de Billy Sunday, que se llevaban a cabo en una gran carpa donde el suelo estaba cubierto de virutas de madera y aserrín. Cuando hoy en día la gente se refiere a la «senda de aserrín», sé lo que eso significa porque estuve allí. Aún puedo oler esas reuniones en mi memoria cuando estoy cerca de madera recién cortada. Y aún recuerdo algunas de las canciones que cantaba. Una de ellas era:

DIOS PUEDE VER CADA LÁGRIMA QUE CAE;
ÉL VE EL CORAZÓN TRISTE Y
    APESADUMBRADO.
SABE QUE EL SENDERO DE TEMORES ESTÁ
    PLAGADO
NO TE DES POR VENCIDO PUES ÉL SE ACERCA.

Los presentes me acompañaban para cantar otra canción que decía lo siguiente:

> Todo el que esté alegre, ¡DIGA AMÉN!
> Todo el que esté alegre, ¡DIGA AMÉN!
> Alabe a Dios por lo que ha hecho,
> Alabe a Dios por las victorias,
> Todo el que esté alegre, ¡DIGA AMÉN!

Los presentes cantaban la primera parte de cada verso y yo agregaba «DIGA AMÉN», con fuerza y gran entusiasmo, por supuesto.

Unos misioneros procedentes de la China visitaron nuestra iglesia y me enseñaron a cantar una canción que tenía la tonada de un conocido himno. Lo que me enseñaron me sonó así:

> Don yu ting wah chi...
> Don yu ting wah chi...
> Hai lo ling tum fi lou,
> Don yu ting wah chi.

Por lo general, cuando cantaba estas palabras ante la congregación, obtenía un gran aplauso. Después de todo, allí estaba yo, una pequeña niña, cantando una canción en chino... ¡muy impactante! Unos años después, canté la misma canción para unos amigos que eran chinos DE VERDAD y ¡no entendieron una palabra siquiera de las que canté!

Mis recuerdos incluyen la rutina que se llevaba a cabo a la hora de ir a la cama. Me sentaba sobre las rodillas de mi papá quien me mecía mientras escuchábamos en la radio el programa «Amos and Andy». Siempre finalizaba a las 7:30 y entonces sabía que era hora de ir a la cama.

En ocasiones le tocaba a mi hermana, quien era ocho años mayor que yo, cuidar de mí y ella quería que me acostase más temprano para que no la molestara. Adelantaba el reloj aproximadamente una hora; pero yo siempre sabía que si no oía la música final de «Amos and Andy» no era hora de ir a la cama, ¡sin importar cuántas veces hubiese adelantado el reloj!

Los padres están escribiendo un registro que ha de permanecer

Los padres pueden escribir muchas cosas en el corazón de un niño, a veces sin darse cuenta. A menudo lo que eres como padre (tu integridad, tu carácter) creará un recuerdo que tu hijo nunca olvidará.

Cuando tenía unos diez años, encontré un aviso en alguna parte que decía que si lograba vender cien frascos de ungüento Cloverine me ganaría una bicicleta. De algún modo logré que mi madre hiciera el pedido de los cien frascos, mientras yo me entusiasmaba pensando cómo los vendería y obtendría una BICICLETA. Según el aviso, el ungüento Cloverine servía para todo: ubres de vaca, lavadoras, lastimaduras, bisagras chirriantes, lo que se te ocurriese. Supongo que hoy en día sería un cruce entre vaselina y WD-40.

Aún puedo recordar que iba de puerta en puerta, rogándole a la gente que me comprara el ungüento. Era invierno en Michigan y el frío te calaba los huesos. La nieve remolinaba a mi alrededor mientras iba de casa en casa. Había cargado varios frascos del ungüento en un bolso y el simple hecho de llevarlo era una pesada tarea. Mis botas estaban mojadas por dentro por causa de la nieve que se había metido por encima de los bordes. Mis medias estaban mojadas y mis pies fríos. Y cada vez que llegaba hasta una puerta debía quitarme mis guantes de lana para poder apretar el timbre. Pronto mis dedos parecían ser de hielo.

A pesar de todos mis esfuerzos por comunicarle a la gente lo útil que era el ungüento, nadie lo quería comprar. Si alguna vez has vivido en un clima como el de Michigan y has ido por la nieve mientras el frío penetrante atravesaba tus ropas, sabrás la DETERMINACIÓN que me movía a vender ese ungüento. Pero la única respuesta que obtenía era: «No, gracias»; entonces levantaba mi bolso y seguía avanzando hasta llegar al siguiente rechazo, teniendo siempre la esperanza de poder ganarme la reluciente bicicleta mostrada en el aviso.

Al volver de mis «viajes de ventas» estaba totalmente descorazonada porque mi bolso con ungüentos no había disminuido. Y en nuestro garaje aún había PILAS de cajas de ungüento Cloverine. Mi bicicleta añorada no parecía ser más que un sueño destruido. Había logrado deshacerme de unos pocos frascos al vendérselos a parientes que de todos modos me amaban y sentían lástima por mí. Pero no estaba ni cerca de venderlos todos, y esa era la condición para obtener esa bicicleta nueva.

Justo cuando estaba a punto de darme por vencida, mi padre vino a mi rescate. Me había visto llegar muchas veces tiritando de frío, con la ropa empapada, la cara roja y agrietada por el intenso frío. Sabía que era una tarea abrumadora y que nadie quería el ungüento porque era la época de la depresión y a nadie le sobraba dinero para cosas de ese tipo.

Pero por ser un padre cariñoso, deseaba que mi sueño se cumpliese, de modo que me compró los frascos restantes de ungüento Cloverine mientras decía: «A la larga los usaremos todos». Con gran entusiasmo, lo observé mientras él preparaba el giro para pagar por el ungüento y corrí hasta el buzón de la esquina para enviarlo.

Durante las semanas que siguieron aguardé con emoción anticipada la llegada de la bicicleta hermosa y reluciente como la que se veía en el aviso. Sabía que pronto estaría pedaleando esa bicicleta por el barrio con mis cabellos al viento. Me imaginaba cintas que colgaban del manubrio y, por supuesto, un timbre que tintineaba fuertemente. ¡Qué emoción... cuánta expectativa para una pequeña niña que al fin tendría su PROPIA BICICLETA!

Finalmente, llegó la bicicleta por correo. El único problema era que estaba hecha de aluminio y ¡medía aproximadamente treinta y ocho centímetros de largo por quince centímetros de altura! ¡Sólo era un JUGUETE! Mi desilusión era el doble de lo que había sido mi entusiasmo anticipado y me puse a llorar amargamente. Había esperado recibir una linda bicicleta nueva, reluciente, roja, con timbre y cintas que colgaban... según la había soñado. En cambio, había recibido un juguete barato que podía ser cargado en dos manos.

Mi padre vio mi rostro mojado por las lágrimas y unas pocas horas más tarde me subió al auto y fuimos a comprar una nueva y reluciente bicicleta roja. Esto sucedió en una época de grandes dificultades cuando la gente sufría por causa de la depresión y los lujos como bicicletas nuevas no eran tan accesibles. Pero recorrimos muchos lugares hasta encontrar finalmente la bicicleta «más adecuada».

Estoy segura que papá y mamá se privaron de otras cosas para poder comprarme esa bicicleta, la cual atesoré y utilicé por muchos años. De vez en cuando veo un aviso de ungüento Cloverine, en algún viejo catálogo de implementos agrícolas o en algún póster en una tienda de antigüedades. Entonces me vuelve a la memoria ese día cuando mi padre me llevó a comprar esa bicicleta nueva y me salpica de gozo.

Las cosas que nunca olvidamos

Cuando miramos hacia atrás a la época de nuestra niñez, hay cosas que «nunca olvidaremos». Algunas de las cosas que recuerdo con más cariño son:

1. La simple alegría de cortar violetas silvestres o de juntar nueces con un abuelo.
2. Estar enferma, faltar a la escuela y que me dieran helado de fresa.
3. La primera vez que dormí en una carpa.
4. Las fiestas en compañía de los parientes haciendo chistes, riendo y comiendo.
5. La caza de luciérnagas para luego encerrarlas en un frasco.
6. Mirar junto con la familia un programa preferido de T.V.

Esta mañana encendí nuestro televisor y escuché la melodía nostálgica que era la canción lema del programa «Little Rascals» [Los pequeños pícaros] que se trasmitía hace más de treinta años. Me senté con los ojos fijos en la pantalla observando las travesuras de Spanky, Darla y Alfalfa y escuchando sus canciones. Y recordé cuando había escuchado las risitas y carcajadas de mis hijos al disfrutar de las diabluras de esos niños.

Mirar ese viejo programa fue un momento especial, ya que los Rascals [pícaros] conducían un viejo y destartalado automóvil por una calle sinuosa, mientras que Alfalfa desentonaba al cantar. Disfruté de ese momento a solas, recordando cuánto nos habíamos divertido los sábados por la mañana. Luego me di cuenta de que esos días del programa original se habían ido para no volver. Y también se habían ido de nuestra sala familiar esos muchachitos que se reían con tantas ganas.

En cambio, ahora estaba sentada sola con los recuerdos de la risa que habíamos incluido en la edificación de las paredes de nuestro hogar y de nuestros corazones. Supongo que podría haberme puesto más melancólica acerca del asunto, pero en lugar de eso me puse a pensar en Filipenses 4.8 y la importancia de pensar en cosas que son puras y buenas y también felices. (Estoy segura de que Pablo tuvo la intención de incluir en algún lugar de esa cita la palabra «feliz».) De modo que atrapé en mi mente el alegre juego de los sábados por la mañana durante la etapa de crecimiento de nuestros hijos. Casi podía oler el cereal con bananas que devoraban al mirar sus personajes favoritos de la televisión... y juntos nos reíamos a más no poder.

El recuerdo del microsuéter

Las experiencias de hoy SÍ SON las memorias del mañana, y agradezco a Dios que dediqué tiempo a crear todas las que fueran posibles. Mientras que Steve aún estaba en la secundaria, su novia le tejió un hermoso suéter color verde claro, y cuando llegó a casa con él, todos quedamos admirándolo, pues era bello de verdad. Él estaba tan orgulloso de ese suéter y le agradaba más que cualquier otro artículo de todo su guardarropas.

Pero uno o dos días después, volvió de la escuela muy alterado. Había volcado chocolate caliente en su suéter y estaba seguro de haberlo arruinado.

—No te preocupes —le dije—, te lo lavaré y quedará muy bien.

—Ay, no —protestó—, ni lo toques. ¡Podrías llegar a EN-COGERLO!

Sonreí al escuchar las órdenes tan explícitas de Steve de no tocar su suéter, pero después que se fue para la escuela hice lo que haría cualquier madre. Lo lavé cuidadosamente y quedó tan hermoso como estaba antes. Al volver a colocarlo en el cajón de su cómoda, me cruzó por la mente una idea malvada.

Si tan solo hubiera algún modo de hacer que Steve pensara que el suéter estaba arruinado, para luego descubrir que estaba limpio, prolijamente doblado y aguardándolo en su cajón...

Ese día, más tarde, camino al mercado pasé por una tienda que vendía muñecos Ken y Barbie y todos los accesorios. Al mirar por la vidriera me encantó ver un pequeño suéter de color verde claro, ¡que se asemejaba perfectamente al de Steve por su color, su textura y su estilo! ¡La única diferencia era que el de Steve era por lo menos quince veces más grande! ¡El pequeño suéter en el escaparate era del tamaño de la palma de mi mano y supe que debía comprarlo!

Entré y compré el microsuéter y regresé rápidamente a casa. Entré sólo unos pocos minutos antes de la hora en que debía llegar Steve de la escuela y puse el pequeño suéter sobre su cama. Luego fui hasta la cocina para aguardar que entrase por la puerta. Y así fue, a los pocos minutos había llegado, dijo su «Hola» acostumbrado y siguió de largo hasta su habitación. Yo seguí tarareando y preparando la cena, pero no pasó mucho antes de que se escuchara el gemido de Steve proveniente de su cuarto.

—¡Mi suéter... parece un porta vasos! ¡Lo has ARRUINA-DO! ¡SABÍA que esto sucedería! ¡Lo HERVISTE!

Fui hasta su habitación para ver de qué se trataba tanto escándalo (como si no lo supiera). Con desesperación, Steve intentaba estirar el pequeño suéter para agrandarlo, pero era inútil.

—Ah, sí —dije yo—, intenté lavar tu suéter pero al parecer se encogió...

Dejé que Steve se retorciera de angustia por unos segundos más y luego empecé a reír.

—Steve, ¿de veras piensas que dañaría algo que significa tanto para ti? —le pregunté mientras abría con calma el cajón de su cómoda.

¡Allí estaba su esponjoso suéter verde con aspecto nuevo y bastante más grande que la miniatura que sostenía en sus manos!

La expresión de puro deleite de Steve al sacar el suéter verdadero del cajón es una memoria que siempre he de atesorar. Aún puedo ver su rápida sonrisa y ojos chispeantes y escucho su voz que me dice:

—Yo SABÍA que en REALIDAD no dañarías mi suéter.

Steve SÍ pensó que HABÍA arruinado su suéter, pero aun así disfrutó de la broma. Tal vez sintió simplemente un enorme alivio al ver que aún tenía el suéter... pero sea como fuere, él también comenzó a reírse.

Durante un tiempo dejamos a la vista el pequeño suéter verde y cada vez que lo veíamos, volvíamos a reír con ganas.

Luego de la muerte de Steve, cuando comencé a hablar ante grupos de mujeres, llevaba conmigo el pequeño suéter verde y lo mostraba al contar mi historia. En ocasiones he mencionado que el pequeño suéter verde se estaba gastando por haberlo mostrado cientos de veces. Al menos cinco mujeres me han confeccionado duplicados del suéter (igual color, igual estilo), pero aún conservo el original también, el cual me trae preciosos recuerdos cada vez que hablo y relato esta historia.

Arrullar a mi Barney sobre la secadora

Recientemente, recibí un hermoso bordado a punto cruz realizado por la esposa de Barney, Shannon, de la poesía que aparece en la página siguiente.[6]

El bordado de Shannon no sólo me emocionó, sino que despertó muchos recuerdos de ese niñito que crié con amor. Los mejores recuerdos son los que una madre atesora en su corazón, aquellos que nadie conoce excepto ella. Uno de mis recuerdos especiales de Barney es de cuando era bebé. Nació el 22 de diciembre y lo traje a casa una mañana de Navidad dentro de una gran media roja. Nuestro regalito especial comenzó a sufrir de cólicos y continuamente se quejaba, en especial de noche. Siempre dije que de haber sido Barney mi PRIMER hijo, definitivamente habría sido el ÚLTIMO.

Barney era el epítome de dos de mis dichos preferidos:

LA GENTE QUE DICE QUE DUERME COMO UN BEBÉ
POR LO GENERAL NO TIENE UNO.

L.J. Burke[7]

* * * * * *

UN EJEMPLO PERFECTO DEL GOBIERNO DE LA MINORÍA ES EL BEBÉ DE LA CASA.

Para lograr dormir a Barney, lo envolvía bien en una manta de bebé, lo colocaba en una cesta para la ropa de mimbre, luego colocaba la cesta sobre la secadora y la encendía. (Nótese, por favor, que lo colocaba SOBRE la secadora y no DENTRO de la secadora.) Recién entonces paraba Barney de llorar al adormecerlo la vibración y el ruido de la secadora.

Luego ponía el minutero de la secadora para 58 minutos (si lo ponía por 1 hora, lo despertaba la chicharra). Después ponía mi propio despertador para que sonara unos minutos antes y de ese modo dormía durante ese lapso. Cuando sonaba mi

A mi amorosa suegra:

Eres la madre que recibí el día que me casé con tu hijo.

Sólo quiero agradecerte, mamá, por las cosas que has hecho.

Me diste un hombre bondadoso con el cual compartir mi vida.

Tú eres la preciosa madre y yo su amante esposa.

Solías palmear su cabecita y ahora lo tomo de la mano.

Criaste un niñito con amor... un hombre ma has entregado.

De tu nuera que te ama

alarma, me levantaba y volvía a programar el minutero de la secadora con la esperanza de que Barney durmiese otros cincuenta y ocho minutos. Durante sus primeros seis o siete meses de vida, ese era el único modo de lograr dormir un poco en la noche. Si no ponía a Barney encima de la secadora y me pasaba programando el minutero cada hora, él se despertaba gritando... y yo también.

El truco de la secadora dio resultado hasta que Barney tuvo unos siete meses; después aprendió a trepar FUERA de la cesta y a BAJARSE de la máquina. Pero para entonces sus cólicos ya no eran tan severos, así que a la noche podíamos dormir.

Incontables veces lo mecía hasta que se durmiera mientras le cantaba y le inventaba cuentos. Y daba resultado ya que el ritmo de la mecedora lo apaciguaba y lo hacía callar.

Mecer tiene una cualidad casi mágica. Comienza en el útero donde el bebé se mece mientras la madre se desplaza. A la mayoría de nosotros nos han mecido cuando niños y parece que nunca superamos nuestra necesidad de ser mecidos.

El mecer apacigua y reconforta. Creo que todo hogar necesita una mecedora para ser usada tanto por niños como por adultos. Gente mayor que sufre por la pérdida de amigos que se mueren o se mudan a otra parte, a menudo hallan consuelo al mecerse. Sí, mecerse es algo que agrada a casi todas las edades. En el área de espera del restaurante Polly's Pie Shop, cerca del sitio donde vivimos, hay alrededor de veinte mecedoras. A Bill y a mí nos resulta tan placentero el simple hecho de estar sentados y mecernos que casi nos da pena que llegue nuestro turno de ser ubicados para almorzar.

Ahora Barney, ese niñito que yo mecía durante largas horas, ha crecido hasta ser un hombre musculoso, de anchos hombros que mide cerca de dos metros y pesa casi 82 kilos. Hace poco recibí un inusual obsequio de parte de mi hijo... algo que para mí vale mucho. En su regreso de ese viaje a Florida (sin su antídoto para picadura de abeja), Barney me escribió una carta:

> Mamá, siempre he querido escribirte, ¡pero nunca he podido disponer del tiempo suficiente para sentarme y hacerlo! Así que, como estoy en el avión de regreso de la

Florida tengo la posibilidad de hacerlo. Verdaderamente te aprecio y te amo, y sé que también me amas. Ha habido momentos en mi vida cuando probablemente debería haber hecho algo diferente o podría haberme metido en otra cosa, ¡pero hoy en día estoy donde estoy, y soy feliz gracias a ti y a papá, quienes me han dado a mí, a las niñas y a Shannon el amor, la voluntad y el aliento para mantenernos firmes!

Te amo mucho y estoy muy orgulloso de ti. Verdaderamente no logro decirte tanto como debiera lo agradecido que estoy por ti y por papá. Después de haber realizado negocios por cuenta propia durante los últimos dos años, tratar con empleados y ver de dónde han venido y cómo ha sido su crianza, puedo apreciar aún más lo afortunado que he sido por tenerlos a ustedes.

Con amor,
Barney

Al terminar de leer la carta de Barney, tenía los ojos llenos de lágrimas, pero supongo que de eso se trata la maternidad. Según dijo alguien:

HAY MOMENTOS
EN QUE LOS HIJOS PUEDEN SER UN DOLOR DE CABEZA
CUANDO NO SON UN NUDO EN LA GARGANTA.

¡Me alegra haber tenido mi cuota de ambas cosas, y espero que tú también te alegres!

Salpicaduras...

COMPOSICIÓN DE UNA NIÑA ACERCA DE LOS PADRES:

El problema de los padres es que cuando nos llegan a nosotros están tan viejos que resulta difícil cambiar sus costumbres.

* * * * * *

Una mamá que iba arrastrando a su hijo se encontró con su pastor en el pasillo de la iglesia y dijo: «Estaba pensando hacer lo que hizo Ana. Como podrá recordar, ¡llevó a su hijo a la iglesia y lo DEJÓ ALLÍ!

* * * * * *

LA MEJOR FORMA DE ASEGURARSE DE QUE LOS HIJOS SE QUEDEN EN CASA
ES CREAR UN AMBIENTE AGRADABLE...
Y DEJAR ESCAPAR EL AIRE DE SUS NEUMÁTICOS.

* * * * * *

Madre, hablando a ex-compañera de la universidad: «¿Recuerdas que antes de casarme tenía tres teorías acerca de la crianza de los hijos? Bueno, ahora tengo tres hijos y ninguna teoría».

* * * * * *

HAZ FUNCIONAR LA ASPIRADORA CON FRECUENCIA...
NO PARA HACER LIMPIEZA, SINO PARA TAPAR EL RUIDO DE LOS NIÑOS.

* * * * * *

DÍAS ESCOLARES:
PUEDEN SER LOS DÍAS MÁS FELICES DE TU VIDA...
SIEMPRE Y CUANDO LOS NIÑOS ESTÉN EN EDAD ESCOLAR.

* * * * * *

UN SUÉTER ES UNA PRENDA QUE SE PONE UN NIÑO
CUANDO SU MADRE SIENTE FRÍO.

* * * * * *

PODRÁS BAJAR A LOS NIÑOS
DE TU FALDA,
PERO NUNCA PODRÁS QUITARLOS
DE TU CORAZÓN.

* * * * * *

PARA ESTAR MAÑANA EN LOS RECUERDOS DE TUS HIJOS
DEBES ESTAR EN SUS VIDAS HOY.

* * * * * *

Y vosotros, padres, no provoquéis a ira a vuestros hijos,
sino criadlos en la disciplina e instrucción del Señor

(Efesios 6.4, Biblia de las Américas).

Señor, que mis palabras sean tiernas y dulces, ¡pues quizás el día de mañana deba tragármelas!

Sólo existe una cosa más dolorosa
que aprender de la experiencia,
y es no aprender de la experiencia.

Mientras sigo trabajando con familias que están separadas por malos entendidos y confusión, constantemente me viene a la memoria una observación de Ashleigh Brilliant:

SI TAN SOLO ME PUDIERA RELACIONAR CON
LAS PERSONAS CON LAS QUE ESTOY RELACIONADO.[1]

Muchos padres y sus hijos adultos están atrapados en la misma trampa. Tienen deseos de acercarse el uno al otro, pero los separa un profundo abismo de antagonismos, sentimientos heridos o resentimientos. Intentan atravesarlo enviándose palabras el uno al otro, pero muy a menudo las palabras no llegan o si llegan, trasmiten un mensaje erróneo y el cañón se ensancha aún más.

Conozco la sensación que esto produce, y algo que sucedió un domingo de Pascuas me recordó de manera patente lo maravilloso que es comunicarse de un modo cálido y desprejuiciado. Larry vino para cenar y más tarde salió para su apartamento a una hora de viaje. Dos horas más tarde recibí una llamada telefónica:

—¡Mamá! ¡Nunca creerás lo que me sucedió después de dejar tu casa!

Podía notar por la voz de Larry que decididamente había algo que no estaba bien y, como cualquier otra madre, inmediatamente sentí el pánico. ¿Qué sería lo que le había pasado? Y luego siguió:

—Tuve que detenerme para llenar el tanque de gasolina justo antes de subir a la autopista, y mientras lo hacía, la boquilla de la manguera se volvió loca y no se cortaba el chorro. Cuando finalmente lo pude detener, había gasolina por todas partes: en mi cabello, en mis ojos y estaba empapado el suéter nuevo que me regalaste.

—¡Madre mía! —Fue lo único que atiné a decir—. ¿Después qué hiciste?

—Entré al baño de caballeros, me quité el suéter, decidí que estaba arruinado y por lo tanto lo eché en el cesto de la basura. Mis pantalones estaban empapados de gasolina, pero no los podía tirar. También lo estaban mis zapatos. Pagué por la gasolina, me metí nuevamente en el auto y me dirigí a casa. Me alegró que nadie lanzase un cigarrillo por su ventanilla hacia el interior de mi auto pues habría estallado. Estaba EMPAPADO de gasolina. Me voy a dar un baño para ver si me puedo quitar este olor y, al parecer, tendré que deshacerme del resto de mi ropa.

Le dije a Larry que me alegraba que no se hubiera lastimado y le di las gracias por haberme llamado. Pero después de colgar el teléfono, comencé a pensar en ese suéter. Era uno que le había comprado en Knott's Berry Farm y le había regalado para Navidad. Era de algodón, de un hermoso color marrón y a él le había encantado. Detestaba la idea de que el suéter de Larry acabara en la basura de una estación de servicio.

Llevando conmigo una gran bolsa de plástico (confiando que finalmente hallaría el suéter), me dirigí hacia Fullerton Road, la ruta más directa hacia la autopista que Larry tomaría para ir a casa. Me detuve en la primera estación de servicio que encontré, me bajé llevando conmigo la bolsa de plástico y le pregunté al encargado: «¿Estuvo por aquí hace un par de horas un joven que llenó el tanque de gasolina y la derramó por todas partes?»

El encargado me miró extrañado y dijo: «No, señora, no creo que haya sucedido NUNCA semejante cosa...»

Efectué el mismo procedimiento mientras iba avanzando por Fullerton Road, deteniéndome en siete estaciones de servicio en total. Finalmente llegué a la octava y última estación y decidí, *esta DEBE ser*, porque una cuadra más adelante podía verse la autopista. Bajé de mi automóvil con mi bolsa de plástico en la mano y formulé la pregunta que para ese entonces se había convertido en un disco rayado. Pero esta vez un joven muy agradable me dijo: «¡Ya lo creo que sí! ¡Y en qué forma! LAMENTAMOS tanto lo sucedido. ¡Él quedó saturado de gasolina!»

«Ese fue mi hijo», le conté. «Me dice que tiró su suéter en el cesto de basura del baño de caballeros y he venido con la intención de recuperarlo».

Así fue que cuando el joven revisó el baño por mí, regresó con el suéter dentro de la bolsa de plástico, empapado de gasolina y maloliente. Le agradecí profusamente y regresé a casa. Aun estando el suéter metido dentro de la bolsa de plástico, mi auto quedó permeado de olor a gasolina. Cuando Bill supo que lo había hallado, dijo: «Bueno, déjalo afuera y se aireará. Por favor, no lo traigas adentro de la casa en ese estado».

Así que lo extendí sobre unos sillones en el jardín y lo dejé afuera con la esperanza de que gran parte del olor desapareciese durante la noche. Créase o no (recuerda que vivimos en el sur de California [donde escasea la lluvia]), esa noche llovió a cántaros. A la mañana siguiente salí y allí estaba el suéter, totalmente empapado, no sólo de gasolina sino de agua de lluvia. Decidí que era imposible llevarlo a la tintorería en ese estado.

De mamá... con amor y colonia

Lo retorcí hasta quitarle toda la humedad posible y luego procedí a lavarlo al menos tres veces en Woolite, más tres tipos diferentes de suavizante. Quedó suave, sedoso, su suavidad era casi como la CERA y su aroma perfectamente limpio. Encontré una linda caja del tamaño adecuado, lo doblé cuidadosamente y, como para asegurarme, le agregué varios pañuelos de papel impregnados de loción para después de afeitarse y colonia Royal Copenhagen de Bill. Ahora estaba segura de que tendría un agradable perfume cuando lo abriese.

Pensé en lo divertido que habría sido que le llegase el suéter para el 1.º de abril, pero el problema es que ya era 1.º de abril. Sin embargo, aún estaba a tiempo de llevarlo a la oficina para que fuese despachado, lo cual hice, sabiendo que lo recibiría el 2 de abril por lo menos. ¡Casi no podía esperar a recibir su llamada contándome que había recibido un suéter que creía que nunca volvería a ver (ni oler)!

Toda la semana esperé que Larry me llamase para contarme acerca del suéter, pero esa llamada nunca llegó. Ya era viernes, seis días desde el hallazgo del suéter y su posterior limpieza. Antes de partir rumbo a un retiro de mujeres en un valle situado justo al norte de Los Ángeles, donde debía hablar, dejé un mensaje en el contestador automático telefónico de Larry diciéndole que pasaría por su casa, al regresar el domingo, para llevarlo a almorzar en el Dorothy Chandler Pavilion que quedaba cerca del lugar donde vivía.

El domingo siguiente llegué con tiempo suficiente y decidí ir hasta su apartamento para buscarlo y así poder caminar juntos hasta donde almorzaríamos. Toqué el timbre y Larry abrió la puerta de par en par. Allí estaba él con todo el esplendor de su suéter color marrón diciéndome: «¡HUÉLEME, MAMÁ, HUÉLEME!»

El almuerzo despertó recuerdos amargos

Durante todo el almuerzo hablamos acerca del suéter. Él no podía creer que yo pudiese haberlo encontrado y luego de haberlo hallado, quitarle el olor a gasolina.

Fue un momento maravilloso. Nos reímos juntos con facilidad y sentía agradecimiento porque ahora la vida nos trataba tan bien. Mientras estábamos sentados en el restaurante del Music Center [Centro Musical] disfrutando de nuestro tiempo juntos, recordé haber estado en el mismo edificio el 21 de octubre de 1975 y haberme sentido acongojada porque Larry ni siquiera quería hablarme. Cuando me había enterado de su homosexualidad en junio de ese año, mi furia había chocado con su reacción airada. Él había abandonado el hogar para desaparecer dentro del estilo de vida homosexual. Yo había desaparecido encerrándome dentro de mi dormitorio para contar las rosas de nuestro empapelado y hundirme más en la depresión.

No supimos nada de Larry. Luego en octubre, vi una nota en el diario *Los Angeles Times* que decía que el grupo coral en el que estaba Larry daría una función en el Music Center [Centro Musical]. Esa noche, acompañada de mi hermana, asistí para escuchar cantar al grupo y rápidamente ubiqué al hijo sonriente que no había visto ni del cual había sabido nada durante cuatro meses. No quité mis ojos de Larry durante lo que duró la primera mitad del programa. Él estaba algo más delgado, tal vez, pero se veía maravilloso.

Nuestros asientos estaban cerca del frente y al encenderse las luces de la sala durante el intermedio, Larry miró hacia el auditorio y me vio. Nuestros ojos se encontraron sólo por uno o dos segundos y luego se cerró la cortina. Casi no podía esperar a que se terminara el intermedio para poder volver a verlo durante la segunda mitad del programa. Esperaba que pudiera ir hasta el escenario al terminar la función para felicitarlo, pero cuando se volvió a levantar la cortina Larry no estaba allí. El sitio que se suponía debía ocupar para cantar estaba vacío. Aparentemente, había agarrado su ropa del camerino y había salido corriendo del Music Center [Centro Musical] ¡porque no deseaba verme siquiera!

El haber estado tan cerca de Larry para luego volver a perderlo hizo que mi depresión se profundizara. A la larga me llevó al borde del suicidio (véase capítulo 3). Larry desapareció sin dejar rastro durante ocho meses más y luego, al día siguiente de haber salido de mi pozo suicida al decidir «clavarlo en la cruz» y decir «Haz lo que quieras, Señor», él llamó y vino a casa. Me alegró, pero aún tenía un presentimiento que me decía: *Este no es el momento para gozo verdadero*, y tenía razón.

Larry decidió renegar de nosotros

Durante los próximos tres años, Larry permaneció en contacto mientras asistía a la facultad en UCLA [Universidad de California en Los Ángeles] y vivía solo en un departamento cercano a la universidad. Pasaba a saludarnos con frecuencia, pero nunca hablábamos acerca de la homosexualidad. Sólo conversábamos de cosas superficiales.

Luego, en 1979, cuando salió mi primer libro, *Where Does a Mother Go to Resign?* [¿Adónde va una madre para presentar su renuncia?], Larry se volvió poco comunicativo, hostil y finalmente muy enojado. Me comunicó que «tenía un amante», y a pesar de no montar en cólera del modo que había hecho cuando descubrí su homosexualidad, me mantuve firme al decir que no pensaba que la homosexualidad fuese la voluntad de Dios para nadie... especialmente para mi hijo. Yo lo amaría y oraría por él. La luz del zaguán siempre estaría encendida para él.

Larry no me escuchó. Furioso, cortó la comunicación, diciéndonos que iba a cambiar su nombre y renegar de nosotros porque no deseaba volver a vernos. Y así fue, unos días más tarde recibimos los documentos oficiales de la corte que nos comunicaban que había hecho exactamente lo que había dicho. Eso sucedió a principios de 1980. No habríamos de saber nada de Larry durante seis años. Yo salía para dar conferencias y hablar con otros padres acerca de cómo enfrentarse al dolor y alguno me preguntaba: «¿Cómo está ahora tu familia?»

Mi respuesta más común era: «Bueno, mis dos hijos no han resucitado y tengo un tercer hijo que ha cambiado su nombre, renegado a la familia, nos ha dicho que no desea volver a vernos y ha desaparecido adoptando el estilo de vida homosexual. Pero, ¿quién desea escuchar una historia lúgubre? Estoy aquí para decirte que no abandones la esperanza, en especial cuando estás en una situación desesperanzada, porque Dios otorga la puntuación de una vida inmediatamente que el juego se ha acabado... y el juego AÚN no se ha acabado en lo que respecta a mi hijo».

Una cosa que siempre he enfatizado es que en las situaciones que escapan al control, no existe la responsabilidad. No podía cambiar a Larry. No lo podía arreglar. ¡Ni siquiera sabía dónde ESTABA! Pero mi gozo surgía de saber que yo estaba viviendo entre un par de paréntesis que a la larga serían abiertos. Algún día, un extremo de esos paréntesis sería removido de una patada y seguiría adelante con mi vida. Todo esto no había venido con el fin de permanecer; habría de pasar. Vivía con ESPERANZA RETRASADA, pero sabía que no sería así para siempre. Como dice Proverbios: «La esperanza que se retrasa es tormento del corazón; pero árbol de vida es el deseo cumplido».[2]

Sabía, aun estando atrapada entre esos paréntesis, que durante un tiempo de esperanza retrasada, Dios todavía va tras el pródigo; Dios busca a los suyos. Él podía poner fin a estos paréntesis en el momento que quisiera. Me aferré al Proverbio que dice: «Mas la descendencia de los justos será librada».[3]

«Mamá, deseo traerte un regalo por el "Día de las Madres"»

Seguí así hasta justo antes del «Día de las Madres» de 1986. Habían transcurrido once años desde ese día en que me había enterado de la verdad con respecto a la homosexualidad de Larry; luego recibí una llamada telefónica que me dejó en estado de shock. Era Larry, quien dijo que quería traerme un «obsequio por el "Día de las Madres"». Confieso que todo tipo de pensamientos me cruzaron por la mente... casi todos negativos. ¿Sería que pensaba traer su amante a casa para anunciarnos que se casarían? Hasta me vino a la mente lo impensable: ¡SIDA!

Me paralizó el temor. ¿Qué sería lo que Larry deseaba entregarme después de tanto tiempo... tanto distanciamiento? Bill se dio cuenta de que estaba hablando con Larry y, sintiendo mi vacilación, dijo: «Dile que venga a casa». Lo hice y en menos de una hora llegó. Se suponía que me traía un regalo, pero no llevaba ningún paquete. Resultó que no tenía ninguna necesidad de llevar un paquete. Lo que tenía para darnos era muchísimo mejor.

Larry entró, se sentó y, con los ojos llenos de lágrimas, nos pidió perdón por los once años de dolor que nos había causado. Había asistido a un Seminario Avanzado de Bill Gothard y había sentido tal convicción de pecado que vino a la casa para incinerar toda evidencia del viejo estilo de vida y llegar a ser limpio ante los ojos de Dios. ¡En su vida ocurrió una verdadera restauración a Dios y ahora también deseaba ser restaurado a nosotros!

La palabra «restaurar» significa «volver a poner una cosa en el estado que antes tenía», y con seguridad eso era exactamente lo que estaba sucediendo mientras lo abrazábamos y nos manteníamos aferrados el uno al otro, agradeciendo al Señor por haber sanado la fractura con la que vivimos por tantos años.

La reedificación de una relación requiere de esfuerzo

Después que Larry regresó, comenzamos a construir nuestra relación desde cero y todavía la estamos construyendo, mientras aprendemos cada vez más el uno del otro.

Llega mucha correspondencia de padres que están tratando de hacer lo mismo. Una vez que superamos el estado de shock que nos provoca el hecho de que nuestros hijos tomen un desvío en la vida, una de las cosas que más nos preocupa es saber cómo relacionarnos con nuestro hijo o hija. No deseamos perdonar lo que ellos hacen, pero tampoco queremos condenarlos o juzgarlos. Después de todo, somos llamados a ser testigos, no jueces.

Cartas como las que presento a continuación son típicas de personas que se están esforzando por relacionarse con sus hijos:

Nuestra hija, que cursa su penúltimo año en una universidad cristiana, cree en el Señor y es de tierno corazón, pero se ha autoconvencido de que la Biblia no la condena por el estilo de vida que ha elegido. Le hemos dicho que la amamos y que siempre estaremos dispuestos para ayudarla, pero que no estamos de acuerdo con ella con respecto a ese asunto. Ella parece estar cada vez más metida en esa manera de vivir y necesitamos saber cómo tratar con todo esto.

* * * * * *

Este año para el «Día de las Madres», nuestro hijo de 25 años, que ha estado entrando y saliendo de drogas y alcohol, nos dijo que pensaba que era homosexual... Nuestros corazones están quebrantados y la primera reacción fue: «Si eliges ese estilo de vida, ya no eres miembro de la familia». Desde entonces, han habido conversaciones, súplicas y estoy segura que ya sabrás el resto.

Al responder a estas cartas, intento expresar algunos de los principios que aprendí durante los once años que Larry estuvo separado de nosotros, así como también los años que han transcurrido desde que abandonó su anterior estilo de vida y quedó limpio delante de Dios. El resto de este capítulo presentará estos principios y dirá cómo usarlos.

1. Métete una media en la boca

Cuando el estado de shock, la ira y la furia te ataquen, métete primero una media en la boca y déjala allí durante seis meses por lo menos. A pesar del deseo irrefrenable que tengas de lanzar un ataque de versículos de las Escrituras, sermones, acusaciones o cosas peores, sólo cállate. No será de ningún beneficio que des rienda suelta a tu enojo. Lo sé. Una cosa que Larry me dijo después de regresar era que mi furia inicial lo había herido. «Algunas de las cosas que dijiste fueron terribles», me dijo Larry. «Eran como espadas penetrantes».

El título de este capítulo lo resume bastante bien: Ten cuidado con el uso de palabras que cortan y acuchillan porque puede llegar el día que debas tragártelas. Me hace pensar en una breve oración que encontré en la «correspondencia de gozo» que me envió una amiga:

> Querido Padre:
> Ayúdame a poner freno a mi lengua,
> para que en el día del juicio final
> no sea hallada culpable
> de asalto con arma mortal.

2. Cuando arrecien las pruebas, usa el amor firme

Cuando un hijo elige un estilo de vida que es autodestructivo, necesita de tu amor más que nunca, pero lo que se necesita es *amor firme,* no un sentimentalismo almibarado. Con esto no quiero decir que los padres debieran volverse malos o desinteresados. El amor firme es diferente y por lo general es lo más difícil que pueda intentar demostrar un padre. Hagas lo que hagas, debes aprender a no permitir que este ser querido te manipule. Él puede usar la mentira, el robo, las amenazas, la adulación... lo que sea, con tal de forzarte a entrar en su juego y de este modo controlarte. Para que eso no suceda, ten en mente los siguientes puntos:

- No debes sentirte responsable por la adicción de tu hijo. Esto sólo te hace sentir enojado, deprimido, culpable y hasta físicamente enfermo.

- No intentes rescatar a tu ser querido. Deja que tu ser querido sufra como resultado de sus propias decisiones y acciones. Los padres deberían recordar que no pueden tapizar de piel el chiquero para sus hijos pródigos.

- Acepta el hecho de que este será un tiempo muy difícil para ti, en especial si puedes ver a diario la adicción autodestructiva de tu ser querido. Haz lo posible por tratarte con el mayor amor y cuidado que puedas. Realiza cosas que sean divertidas y enriquecedoras para ti.

- Encuentra un grupo que te pueda brindar apoyo y la confianza de que es necesario que te desprendas del problema. Mantén tu compasión a cierta distancia. Tú no puedes salvar a esta persona, aunque quieras hacerlo.

- Tu ser querido es una persona que depende mucho, no sólo de su área vulnerable en particular, sino de ti. Esta persona te necesita más de lo que tú la necesitas a ella. Es un ser negativo y no reconocerá su dependencia. Sin embargo, deberás enfrentarte a la realidad, aunque él no lo haga; modificar tu propia vida para fortalecerte y no permitir que te dé un tirón hacia abajo.

- Si tu hijo amenaza con irse para nunca volver a verte, recuerda que lo que te está atacando es la rebelión. En realidad, te necesita más de lo que jamás pueda admitir. Tu felicidad realmente no depende de él. Puedes sobrevivir, aun cuando cumpla con lo amenazado. Aun cuando no sepas dónde ni cómo está, se lo has entregado a Dios y ahora Él tiene su mano sobre tu hijo. Puedes estar seguro de que el hijo adulto seguirá negando la verdad mientras esté decidido a permanecer fuera de comunión. Recuerda que muy en sus adentros conoce la verdad, a pesar de lo que diga o de cómo racionalice su conducta cuando se sienta «atacado injustamente».

- ¡El amor firme es difícil para todos! ¡Duele tanto como la cirugía! Pero es igualmente necesario. Deja de decirte: *Sufre tanto... debo ayudarlo*. Si sigues haciéndolo, lo ayudarás a tomar las decisiones que no le convienen. El amor firme implica permitirle que sufra lo que sea necesario para que busque la ayuda apropiada.

- Recuerda que la gente no busca ayuda si no sufre. El amor firme significa soltar... completamente. Significa no meterte en los asuntos de otro. Significa permitirle que tenga la dignidad de juntar los fragmentos de su vida y ya no ser un inválido emocional. Y no te preocupes pensando que el amor firme te convertirá en una persona endurecida e insensible. Lo que sí hace es darte objetividad, semejante a la de un doctor que efectúa la cirugía necesaria para salvar una vida.

- Comprende que no puede sanarse de un día para otro. Largos años de hábito son difíciles de dejar atrás. Si él intenta hacerte sentir culpable, es porque está asustado y enojado. Es posible que sea habilidoso con las palabras y que sea encantador, de modo que ten cuidado pues puede manipularte. No te dejes engañar por su prepotencia y arrogancia; sólo es un tigre de papel. Puedes aprender a vivir por encima de sus problemas y no aceptar las consecuencias de su comportamiento como propias. La vida es demasiado breve para ser vivida en un ensayo de infierno. No tienes por qué cargar *tú* con *su* problema. No puedes permitir que el pecado de una persona destruya a toda la familia.

- El egoísmo, la inmadurez y la irresponsabilidad se manifiestan en un espíritu rebelde. Él cree que es el importante. Nada tiene tanta importancia como aquello que le ayuda a inflarse momentáneamente y así alimentar sus delirios de grandeza. Cuanto antes sueltes su problema y le permitas hacerse responsable por sí mismo, mejor posibilidad tienes de que te trate con mayor respeto.

- Siente lástima de sí mismo, así que cuando aprendes a negarte a sus pedidos de compasión, es posible que piense que lo has abandonado. Eso está bien. Necesita hacerse responsable de sus propias decisiones. Si ve que te preocupas, eso sólo recompensa su búsqueda de atención. Rescatar a una persona hace que la misma dependa de ti y mantiene una relación neurótica. Ser un salvador quizás te haga sentir bien por un tiempo, pero es posible adelante la persona que está siendo rescatada llegue a sentir resentimiento hacia ti.

- El tipo de confianza que necesita el que se ha apartado (sentir que es deseado y amado) sólo puede provenir desde la profundidad de su interior. Sólo llegará cuando esté dispuesto a enfrentarse a su problema y hacer algo por solucionarlo.

- Ten valor. Si sólo por una vez actúas movido por tu autorrespeto en lugar de hacerlo por temor, es probable que te sientas mejor por dentro de lo que te has sentido en años. Cuando aceptes la realidad del área vulnerable de tu ser querido, sucederán varias cosas. Empezarás a deshacerte de tu propio enojo hacia él. Comenzarás a desprenderte de su manipulación y a planificar tu propia vida. Sin necesidad de que lo digas, él verá que el problema es suyo, no tuyo. Habrás hallado tu serenidad y él tendrá oportunidad de decidir recuperarse por sí mismo.[4]

¡Mucho cuidado del juego de las culpas! Este puede causar que el pecado de una persona prácticamente destruya a la familia completa. La madre se culpa y a veces el padre culpa a la madre... o tal vez decida culparse él mismo. En poco tiempo todos están atrapados en el «juego de las culpas», que es destructivo para cualquier familia.

Cuando Larry amenazó con renegar de nosotros (lo cual cumplió) y cambiarse el nombre (lo cual hizo también), y luego dijo no querer volver a vernos jamás, todo eso fue una daga en mi corazón. Pero de algún modo supe que Dios nos ayudaría a superar esta prueba. Mi amor de madre por Larry nunca flaqueó, aun cuando él clavó esa daga más profundamente.

Una cosa que me ayudó fue que había otros que me necesitaban. Habíamos iniciado un ministerio basado en Isaías 61.1: «vendar a los quebrantados de corazón». No podía permitir que un hijo destruyese mi vida, el resto de mi familia y mi fe en Dios. Lo que había hecho Larry era una derrota, pero sólo era TEMPORAL. Yo tenía una opción. Me podía retraer y amargar, o podía extenderme hacia Dios sabiendo que habría de crecer por dentro a través de todo esto. Me apoyé en 1 Reyes 8.56 (Biblia de las Américas): «Ninguna palabra ha fallado de toda su buena promesa». Contaba con la promesa de Dios de que me amaba y se interesaba por mí. Como dice el salmista: «Por la noche durará el lloro, y a la mañana vendrá la alegría».[5]

Al poner en Dios mi confianza, comencé a comprender que mi felicidad verdaderamente no dependía de lo que estaba sucediendo en la vida de mi hijo. Dios me mostró que podía embellecer mi propia vida mediante la ayuda a otros. El amanecer sí llega. El sol sale después de la lluvia. Existe la calma después de la tempestad. Esta poesía llegó a significar mucho para mí:

> Después de un tiempo aprendes
> que el amor no es apoyarse.
> que los besos no son contratos,
> los regalos no son promesas...
> Empiezas a aceptar derrotas
> con la cabeza erguida y abiertos los ojos,
> con gracia de mujer, no congoja de niño.
> Así que plantas jardín propio
> y tu propia alma decoras,
> en lugar de aguardar que alguien te regale flores.
> Y aprendes que puedes resistir...
> que de veras tienes fortaleza
> que ciertamente vales,
> y que con cada nueva mañana
> llega el amanecer.
>
> Origen desconocido

Entre esos largos paréntesis, mientras aguardábamos con la esperanza retrasada, oramos pidiendo que Dios hiciera su obra según su agenda, no la nuestra y que finalmente Larry optase por cambiar su estilo de vida. Sabíamos que no podíamos «arreglarlo» ni tomar decisiones por él.

Ahora que Larry ha sido restaurado de su tiempo de rebelión, Dios lo está usando de maneras especiales. Trabaja para el sistema judicial de Los Ángeles y asiste a la escuela de leyes por la noche. Con frecuencia habla con otros jóvenes que luchan con su inclinación homosexual y también es de constante aliento para mí en los Ministerios Espátula. Particularmente me es de gran ayuda en la realización de investigaciones para mis mensajes, conferencias, así como también en la preparación de la circular informativa *Love Line* [Línea de amor].

Larry es un verdadero genio con computadoras y tiene

acceso a todo tipo de programación. Por ejemplo, si necesito un versículo de las Escrituras, simplemente llamo a Larry y me provee de varios que pueden servirme. Tenemos el objetivo de algún día escribir juntos un libro para dar a conocer a otros padres los principios de restauración por medio de perdón y comprensión que ambos hemos aprendido a través de nuestros años de distanciamiento.

Hasta ahora en mi lista de lineamientos te he sugerido que «te metas una media en la boca» y que «uses amor firme al tratar con la rebelión de tu hijo». Ahora quiero ofrecer una tercera sugerencia, una que se aplica a todos los padres e hijos:

3. Ama a tu hijo incondicionalmente

Al poco tiempo de que Larry abandonase el estilo de vida homosexual, hicimos juntos una grabación que enviamos a toda la familia de los Ministerios Espátula. Parte de esa grabación aparece en *So, Stick a Geranium in Your Hat and Be Happy* [Ponte un geranio en el sombrero y sé feliz],[6] pero ahora deseo incluir aquí otros segmentos de la misma, los cuales pueden ser de ayuda para padres que intentan construir una mejor relación con sus hijos rebeldes.

BÁRBARA: ¿Qué sugerencia darías a los jóvenes que se han dedicado a un estilo de vida homosexual y han cortado completamente la relación con sus padres diciendo que ya no quieren tener nada que ver con ellos? ¿Cómo pueden los padres mostrar amor incondicional a un hijo que es rebelde?

LARRY: Existe una gran necesidad de que la gente comprenda la importancia de dedicar sus vidas a ser amables y cariñosos. Cuando una persona hace eso, entonces se convierte en justo. Está haciendo la voluntad de Dios y, como he dicho en otras oportunidades, la vida es un tejido de relaciones. Cuando las personas responden como es debido, cuando prodigan una actitud amorosa, los demás contestan de igual manera. Si alguien es muy odioso, los demás también responden de igual manera.

BÁRBARA: Lo denominamos amor tipo «puerco espín»: cuando amas a tus hijos y ellos como respuesta te disparan esas púas de puerco espín y te dicen esas cosas horribles. Sin embargo, debes amarlos de forma incondicional. La tarea que nos corresponde es amar; a Dios le corresponde obrar en sus vidas. Los hijos pueden contestarnos de modo descortés y poco amable, pero si los padres igual pueden amarlos incondicionalmente, entonces creo que Dios habrá de honrar eso.

LARRY: Dios dice que somos responsables por cinco cosas: palabras, pensamientos, acciones, hechos y actitudes. Al estudiar la sabiduría en las Escrituras e intentar comprender la mente de Dios, he llegado a darme cuenta de que las palabras que salen de mi boca sólo son reflejo de la actitud que llevo dentro. Así que, si tengo una actitud amable y cariñosa, mis palabras será un reflejo de eso.

BÁRBARA: El hecho de amar incondicionalmente es muy importante, pero es difícil si tu hijo no se comunica contigo. Todos los años en que no supimos nada de ti fueron difíciles. Es muy difícil demostrar amor cuando alguien no responde. ¿Cómo crees que resultó eso en los años que no estuviste en contacto con nosotros?

LARRY: Creo que ese es el momento en que los padres deben entregar todo a Dios. Las Escrituras dicen: «Como canales de agua es el corazón del rey en la mano del Señor; Él lo dirige donde le place».[7] Este versículo me dice que Dios dirige los corazones de las personas hacia donde Él quiere que vayan. Sólo debes confiar en Dios en ese tipo de situaciones y saber que Él tocará sus corazones en el momento apropiado.

Creo que lo que Larry decía es que nadie puede amar de forma incondicional con su propia fuerza. Debes confiar en que Dios cambiará el corazón de tu hijo rebelde (y que también mantendrá el tuyo apuntando en el sentido correcto). Amor incondicional es un ideal hermoso que va mucho más allá de la fuerza humana. Debemos confiar en Dios para obtener gracia y paciencia, especialmente cuando a gran velocidad nos lancen muchas púas de puerco espín. Y debemos aprender a PERDONAR. Es posible que este sea el ladrillo más importante en la construcción de cualquier relación de amor, y Larry y yo hablamos también acerca de eso.

4. Ten disposición de pedir y recibir perdón

Al continuar nuestra entrevista, le pregunté a Larry cómo se sintió durante todos esos años que estuvo alejado.

BÁRBARA: ¿Sentiste siempre que te amábamos?

LARRY: Sentí que había mucha animosidad pero también había mucho amor; así que diría que había muchas cosas buenas y malas. Pero durante ese tiempo ambos teníamos miedo de lo que estaba sucediendo. No sabíamos cómo responder. Fue una época difícil para ambos. Afortunadamente, hemos podido echar a un lado esas cosas y llegar a conocer la relación básica que pueden tener un padre y un hijo.

BÁRBARA: Muchos padres han intentado educar a sus hijos para que hagan lo correcto, pero luego los hijos hacen lo que les parece. Así que los padres sienten culpa porque creen que han fracasado. Es difícil explicarle a los padres que no son responsables por las decisiones de sus hijos.

LARRY: Creo que cuando los padres tienen una dificultad con un hijo, es el momento indicado para que examinen sus corazones y mentes. Dios usa esos problemas para hacer resaltar ciertos principios que se han descuidado, y si los padres desatienden esos principios sufre toda la familia por ese motivo.

BÁRBARA: Pienso que una cosa que tendremos que aprender como padres es olvidar el pasado porque todos hemos cometido errores. Debemos decir: «El pasado se acabó, el día de ayer es un cheque cancelado, el día de mañana es un pagaré, pero el día de hoy es el efectivo. Hoy no he cometido ningún error... todavía. Puedes iniciar cada día en cero para servir al Señor y qué maravilloso es iniciar cada día sabiendo que el pasado ha terminado. No es necesario que vivas esclavizado por cosas del pasado que fueron desdichadas para ti, tampoco es necesario que lo haga yo.

LARRY: Eso es porque hemos podido perdonarnos mutuamente. El perdón es una cosa muy poderosa... no sólo la capacidad de perdonar, sino la habilidad de ser perdonado. Cuando alguien se te acerca y dice: «Estuvo mal lo que te hice. ¿Me perdonas?», eso es poderoso porque nos libera de la carga de culpa que acarreamos por causa de la ofensa que hemos causado. Pero lo que impide que las personas hagan eso es su orgullo, su torpeza para decir: «Cometí un error, me equivoqué». Muchos padres no quieren hacer eso, y cuando el hijo ve que el padre no tiene disposición de admitir sus errores, ¿qué te hace pensar que el hijo querría admitir algún error?

BÁRBARA: En muchos casos los padres necesitan pedirle a sus hijos que los perdonen por su falta de amor, pero muchos dicen: «¿Por qué debería pedir perdón? ¿Qué hice? Mis hijos optaron por la vida homosexual. Yo no hice nada». Pero lo que está mal es esa actitud que no será de ayuda en ningún tipo de relación. Los padres debieran pedirle perdón a su hijo cuando no han demostrado comprensión o amor. Ese es el comienzo del crecimiento espiritual. Los padres deben crecer y cambiar al atravesar por todo esto así como también sus hijos.

LARRY: Otro factor importante es que cuando una persona está reaccionando de modo tan violento o airado, es tiempo de que la otra persona (el padre/la madre) examine su vida para ver qué fue lo que provocó esto. ¿Fue una actitud de orgullo o un espíritu sin quebrantar? Los padres no debieran verse a sí mismos como autoritarios, sino como amigos de sus hijos adultos. Y si los han ofendido, los padres debieran acercarse a los hijos para pedir su perdón. Encontrarás que hay muchos padres que no están dispuestos a hacer tal cosa.

BÁRBARA: No existe el padre perfecto. Después de todo, Dios tuvo dificultades con Adán. Intentamos ser padres perfectos, pero no lo somos y fallamos.

LARRY: Todos fallan, pero es por eso que vino Cristo. Es por eso que contamos con la Biblia y sus principios como guía para la vida. Necesitamos darnos cuenta de que podemos reconocer nuestras fallas y luego tener la habilidad de echarlas a un lado.

Una de las palabras clave que usó Larry en nuestra entrevista es la palabra *amigo*. Los padres avanzarán un largo tramo en el camino hacia la edificación de una mejor relación con sus hijos adultos, cuando comprendan que deben convertirse más en un amigo y menos en la «autoridad» paterna. Las siguientes palabras, por William Arthur Ward, describen el tipo de amigos que deseamos ser para nuestros hijos:

Un amigo es...

Un amigo es aquel que no resulta difícil de hallar cuando te encuentras sin un centavo.

Un amigo es aquel que hace que tu pena sea menos dolorosa, tu adversidad más soportable.

Un amigo es aquel que gozosamente canta contigo cuando estás en la cima, y silenciosamente camina a tu lado cuando atraviesas el valle.

Un amigo es aquel con el que te sientes cómodo, a quien eres leal, a través del cual recibes bendición y por el cual estás agradecido.

Un amigo es aquel que te da calor por su presencia, te confía sus secretos y te recuerda en sus oraciones.

Un amigo es aquel que te brinda un chispazo de seguridad cuando dudas de tu habilidad para lograr tu más noble aspiración, para escalar tu montaña especial o alcanzar tu meta secreta.

Un amigo es aquel que te ayuda a cerrar las brechas entre la soledad y la comunión, la frustración y la confianza, la desesperanza y la esperanza, las complicaciones y los éxitos.

Un amigo es aquel que está a tu disposición, te comprende y es paciente contigo. Un amigo no es menor don de Dios que un talento; no es menor tesoro que la vida misma.

Un amigo es también aquel que escucha.

5. Escucha más, habla mucho menos

La última oración de la composición arriba citada menciona el escuchar, una de las herramientas más poderosas a nuestra disposición para la edificación de buenas relaciones con amigos y seres queridos. Hoy en día se habla mucho acerca de la «comunicación», y es verdad que todos necesitamos aprender a comunicarnos mejor los unos con los otros. Pero la palabra comunicación puede convertirse simplemente en otra palabra de moda sin mucho significado. Por otro lado, escuchar es algo específico que puede hacer cualquiera de nosotros si deseamos intentarlo. La mayoría de las personas piensan que la comunicación significa hablar mucho, pero creo que en realidad la verdadera comunicación comienza a partir de cuando empiezas a escuchar a la otra persona. Como dice Santiago: «Sea PRONTO para oír, TARDO para hablar».[8] Una buena definición de escuchar es esta:

PRESTAR ATENCIÓN CON LA INTENCIÓN
DE ENTENDER A LA OTRA PERSONA.[9]

Ken Durham, en su excelente libro acerca de la comunicación *Speaking from the Heart* [Hablemos desde el corazón], escribe:

El escuchar cristiano es un acto que le expresa a otro: «Ahora mismo, estoy aquí para ti. Para nadie más, sólo para ti. Deseo escuchar y comprender lo que me quieras decir. Soy todo tuyo». Escuchar es permitir que la otra persona determine el programa de la conversación, buscando aclarar su punto de vista. Esencialmente, escuchar es ayudar a una persona a comprenderse mejor.[10]

La siguiente poesía resume muy bien lo que es el escuchar cristiano:

ESCUCHA

Cuando te pido que me escuches
y empiezas a darme consejos
no haces lo que te he pedido.

Cuando te pido que me escuches
y empiezas a decirme por qué no debo sentirme así
estás pisoteando mis sentimientos.

Cuando te pido que me escuches
y sientes la necesidad de hacer algo para solucionar mi
    problema
me has fallado, por extraño que te parezca.

Así que por favor escucha, simplemente óyeme.
    Y, si quieres hablar,
        espera un minuto, que sea tu turno;
        y yo te escucharé a ti.

Origen desconocido

Si experimentas dificultad para comunicarte con tu hijo... si simplemente «no puedes hablar de eso»... tal vez lo mejor que puedas hacer es dar lugar a tu ser querido para que te hable de lo que siente. Guárdate tu deseo de citar Escrituras, dar consejos o sermonear. Dos de mis lemas preferidos son:

A NADIE LE INTERESA CUÁNTO SABES
HASTA SABER CUÁNTO TE INTERESAS.

* * * * * *

HABLAR ES COMUNICAR...
ESCUCHAR ES INTERESARSE.

Para un hijo, incluso un hijo adulto, un regalo que perdura es el del oído (y del corazón) atento. Escucha primero y habla después. Así, en lugar de decir cosas que puedan lastimar y cortar, tus palabras serán agradables, dulces como la miel para el alma de tu hijo,[11] y curativas para tu relación.

Salpicaduras...

ALGUNAS PERSONAS BUSCAN LAS FALLAS
COMO SI SE LOS RECOMPENSASE POR ELLO.

* * * * * *

¡NUNCA DESPERDICIES TU DOLOR!

Querido Señor:
    Concédeme, por favor, que
    nunca desperdicie mi dolor; pues...
    fracasar sin aprender,
    caer sin levantarme,
    pecar sin vencer,
    ser lastimado sin perdonar,
    sentir descontento sin mejorar,
    ser quebrantado sin aprender mayor compasión,
    sufrir sin desarrollar mayor sensibilidad,

hacen del sufrimiento
un ejercicio fútil y sin sentido,
una pérdida trágica,
y del dolor,
el mayor desperdicio de todos.

Dick Innes

* * * * * *

ACEPTA LA INDIRECTA QUE TE DA LA
    NATURALEZA...
TUS OREJAS NO HAN SIDO HECHAS PARA
    CERRARSE,
        PERO TU BOCA SÍ.

* * * * * *

A MENUDO SE NOS ESCAPAN LAS
    OPORTUNIDADES
POR ESTAR TRASMITIENDO
CUANDO DEBIÉRAMOS ESTAR ESCUCHANDO.

* * * * * *

LA ÚNICA CONDICIÓN PARA AMAR
ES AMAR SIN CONDICIONES.

* * * * * *

El que guarda su boca guarda su alma; mas el que mucho
abre sus labios tendrá calamidad (PROVERBIOS 13.3).

A MENUDO SE NOS ESCAPAN LAS
    OPORTUNIDADES
POR ESTAR TRASMITIENDO
CUANDO DEBIÉRAMOS ESTAR ESCUCHANDO.

* * * * * *

LA ÚNICA CONDICIÓN PARA AMAR
ES AMAR SIN CONDICIONES.

* * * * * *

El que guarda su boca guarda su alma; mas el que mucho
abre sus labios tendrá calamidad (PROVERBIOS 13.3).

Somos personas de Pascuas viviendo en un mundo de Viernes Santo

Debido a la escasez de trompetistas preparados, el fin del mundo será postergado por tres meses.

A menudo la gente me pregunta: «Barbarita, ¿de dónde obtienes tu gozo?» Esa pregunta siempre me hace pensar en el decimotercer versículo de 1 Corintios 13, el «capítulo del amor»: «Y ahora permanecen la fe, la esperanza y el amor, estos tres; pero el mayor de ellos es el amor».

Habiendo tantos pozos ciegos de la vida en donde caer, necesitamos un manantial a donde podamos ir para obtener salpicaduras de gozo... una fuente rebosante de agua de vida que sólo Jesús provee.

El gozo empieza con la fe

Me encanta la frase que utiliza Tony Campolo... ciertamente es una de las mayores declaraciones de fe jamás escritas: «Es viernes, pero se acerca el domingo».

Ese primer Viernes Santo, los seguidores de Jesús estaban metidos en un verdadero pozo ciego. A Jesús lo habían clavado a una cruz y ahora estaba muerto. María estaba deshecha por el dolor. Los discípulos se habían dispersado como ovejas asustadas. Pilato estaba seguro de haberse lavado las manos en todo ese asunto. Los incrédulos decían cínicamente que el llamado Mesías no había producido cambio alguno. Y lo peor de todo es que Satanás bailaba por todas partes diciendo: «¡Gané! ¡Gané!»

Sí, era viernes, pero después el velo del templo se rasgó en dos como una sandía madura, se movieron rocas, se abrieron tumbas y el centurión romano que habían enviado para supervisar la ejecución de un alborotador acabó murmurando: «¡Verdaderamente este hombre ERA Hijo de Dios!»

Luego llegó el domingo. María Magdalena y las otras mujeres vinieron al sepulcro sellado y vigilado para descubrir que la piedra había sido removida y un ángel vestido de blanco resplandeciente decía: «Él no está aquí... ¡ha resucitado!»

El viernes todo había sido oscuridad, desesperanza, congoja. Pero AHORA era DOMINGO y todo el mundo tenía mayor motivo para gozarse que en cualquier época anterior o posterior.

En realidad, no somos personas de Pascuas que viven en un mundo de Viernes Santo, somos personas de RESURRECCIÓN.

Tal como dijo un escritor desconocido:

La resurrección dice que absolutamente nada me puede separar del amor de Dios. Ni el pecado ni mi estupidez. Ni lo siniestro ni lo egoísta, ni lo necio ni lo secular.

El fundamento de todo gozo para los cristianos es que podemos vivir como si Cristo hubiera muerto ayer, resucitado hoy y viniera mañana. Comienza aquí y es para todos, sin precondiciones, sin precio de entrada, porque somos salvos por gracia y sólo por gracia. Eso quiso decir Pablo cuando escribió que somos salvos por gracia por medio de la fe (Efesios 2.8,9). No tiene nada que ver con lo que podamos hacer. Como siempre digo:

JUSTICIA ES RECIBIR LO QUE NOS MERECEMOS.
MISERICORDIA ES NO RECIBIR LO QUE NOS MERECEMOS.
PERO LA GRACIA ES RECIBIR LO QUE NO NOS MERECEMOS.

La gracia es el favor inmerecido de Dios, la cual es derramada sobre nosotros. Y esa gracia es GRATIS para todo el que la pide. El primer paso es creer en Jesucristo. Eso es todo. Él es nuestra primera experiencia de gozo. Y seguimos experimentando salpicaduras de gozo mientras vamos aprendiendo a confiar únicamente en Él.

Pero... ¿y las veces que volvemos a caer en ese pozo ciego de la desesperanza? ¿Es que Dios nos ha abandonado? Nos asaltan preguntas y más preguntas. ¿POR QUÉ? ¿CÓMO? ¿DÓNDE ESTÁS, SEÑOR? Como escribe Ruth Harms Calkins:

> Señor, hago más preguntas
> que las que haces tú.
> A razón, diría yo,
> de diez a una.
>
> Yo pregunto:
> ¿Por qué permites esta angustia?
> ¿Cuánto la podré soportar?
> ¿Para qué puede servir?
> ¿Te has olvidado de ser benévolo?
> ¿Es que te he cansado?
> ¿Me has desechado?
> ¿En qué punto me desvié de tu guía?
> ¿Cuándo me perdí?
> ¿Puedes ver mi extrema desesperanza?
>
> Tú preguntas:
> *¿Confías en mí?*[1]

Las palabras de Ruth Calkin me recuerdan que en la Biblia se encuentran 354 «no temas», casi hay uno para cada día del año. Si alimentamos nuestra fe, nuestras dudas se morirán de hambre. El más endeble golpe de fe abre la puerta del cielo, porque la fe mira más allá de la oscuridad de la tierra y ve el fulgor del cielo.

Antes de morir, escuché a mi buen amigo Walter Martin contar acerca de la vez que él y dos agnósticos fueron invitados al «Show de Phil Donahue». Los temas del día incluían la muerte, el cielo y la penalidad por el pecado. Al tocar el programa su fin, Phil Donahue se acercó al Dr. Martin del modo que acostumbra hacerlo y dijo: «Bueno, dígame Doc, ¿no cree usted que cuando llegue al final del camino, Dios me rodeará con sus manos y me dirá: "¡Pues, adelante, Phil!"?»

El rostro del Dr. Martin se iluminó con una amplia sonrisa mientras le respondía: «Oh, Phil, Él ya lo hizo... hace dos mil años. EN AQUEL ENTONCES, te invitó a entrar».

Cuando reflexiono acerca de esta historia, me hace saltar las lágrimas al darme cuenta de cómo Dios posibilitó que tuviésemos seguridad del cielo por medio de su sacrificio por amor a nosotros. A todos se nos ha extendido una invitación al cielo que requiere que confirmemos si hemos de asistir.

Ahora Walter Martin está con el Señor, pero su respuesta a Phil Donahue en ese día es una salpicadura de gozo que continúa alentándome. Me da ánimo extra cuando lo necesito. Es muy cierto que: Nuestras PALABRAS DE FE perduran largo tiempo después de nuestra partida.

El gozo proviene de la esperanza

Uno de los epitafios más graciosos y a la vez más tristes que haya escuchado jamás aparece en la tumba de Mel Blanc, el cual era la voz de muchos de los dibujos animados más famosos, como Porky Pig y Elmer Fudd:

¡E-E-E-ESO ES TODO, AMIGOS!*

Desconozco lo que pensaba Mel Blanc personalmente acerca de la vida después de la muerte, pero esta vida NO ES el final, amigo. ¡Hay mucho, pero muchísimo más! ¡No nos enfrentamos a un fin sin esperanza porque tenemos esperanza sin fin! Nuestra esperanza reside en el HECHO de que, por causa de nuestra fe, nos vamos para ARRIBA.

De un modo u otro, los cristianos hemos de ir para ARRIBA, al cielo, a la vida eterna con Jesús. Me gusta la imagen de ir ARRIBA que se encuentra en Salmo 90.10 que dice: «Los días de nuestra edad son setenta años; y si en los más robustos son

---

* N. del T. La frase *TH-TH-TH-THAT'S ALL, FOLKS!* [¡E-E-E-ESO ES TODO, AMIGOS!] es la que aparece al final de cada caricatura.

ochenta años, con todo, su fortaleza es molestia y trabajo, porque pronto pasan, y volamos».

¿Puedes creer que dice que hemos de VOLAR? No puedo tener la seguridad de que el salmista pensaba en la Segunda Venida al escribir esas líneas, pero pinta una imagen que es exactamente lo que dice Pablo en 1 Tesalonicenses 4.16,17:

Porque el Señor mismo con voz de mando, con voz de arcángel, y con trompeta de Dios, descenderá del cielo; y los muertos en Cristo resucitarán primero. Luego nosotros los que vivimos, los que hayamos quedado, seremos arrebatados juntamente con ellos en las nubes para recibir al Señor en el aire, y así estaremos siempre con el Señor.

Esa bendita esperanza del cristiano se fija en la Segunda Venida. Con frecuencia animo a las personas a realizar mucha «práctica de arrebatamiento», lo cual se hace en el fondo de la casa saltando hacia ARRIBA y hacia abajo, con el único fin de estar en condición para el gran día cuando suene la trompeta y todos vayamos hacia ARRIBA. Me gusta decir:

¡SU TROMPETA SONARÁ
Y SU PUEBLO PARTIRÁ!

A menudo menciono la práctica de arrebatamiento cuando hablo a los grupos, y una vez se me acercó una anciana al finalizar la reunión y dijo: «Querida, cuando realizas tu práctica de arrebatamiento, ¿lo haces sobre una cama elástica o sobre el césped?»

También me agrada mucho la carta de una mujer que dijo que ella y su esposo pensaban subir en globo aerostático para festejar su quincuagésimo aniversario. Ella dijo: «¡Me pondré un geranio en el sombrero, seré feliz y disfrutaré de un fantástico paseo gozoso prearrebatamiento!»

En ocasiones hablo con personas que se preguntan CUÁN-DO viene Jesús. Con el paso de los años diferentes personas han «establecido una fecha», pero se han olvidado de un detalle: La Biblia nunca determina la fecha. Mientras tanto, es un mundo de Viernes Santo, lleno de dolor, culpa y vergüenza. El SIDA se abate sobre la tierra matando miles a su paso, y se llevará a miles más antes de que sea hallada una cura... si es que esto alguna vez sucede. He encontrado una placa que a menudo doy a las víctimas de SIDA para recordarles, a ellos y a sus familiares, la esperanza sin límite de la que disponen más allá de esta vida todos los creyentes. El dibujo muestra a Jesús tomando a alguien en sus brazos mientras lo abraza y el texto dice:

CUANDO LLEGUE A MI HOGAR CELESTIAL

Cuando llegue a mi hogar celestial,
¡cuánta felicidad tendré!
Pues al fin en ese día
al Señor resucitado veré.

No hay alegría mayor
que verlo cara a cara,
en sus ojos ver el amor
y sentir su cálido abrazo.

Nada he hecho para merecer
ese perfecto hogar celestial.
Por la gracia del amor de Jesús
me fue dado libremente.

¿Por qué me pesan tanto
las cuitas de esta tierra?
Cuando a mi hogar al fin arribe
serán un recuerdo apenas.[2]

Como dije en el capítulo 3, la esperanza es difícil de matar. Por cierto que ha salvado la vida a más de uno que se sentía desesperanzado. Una nota que me llegó por correo, la cual atesoro en gran manera, dice:

Gracias por tu libro... Dios verdaderamente me habló por medio de tus palabras. Estoy en el antepenúltimo año de mis estudios de medicina. El estrés, la ansiedad y la depresión me acompañaban constantemente... el suicidio nunca estaba muy alejado de mi puerta. Ahora tengo esperanza... Gracias.

Alguien dijo que uno de nuestros mayores enemigos no es

la enfermedad... es la desesperanza. Uno de nuestros mejores amigos es la esperanza. Y la razón por que podemos abrigar esperanza en esta vida es por causa de nuestra esperanza en la vida que ha de venir.

Pero el mayor gozo es el amor

Una de las frases más radiante de todas las Escrituras se encuentra en 1 Juan 4.8: «DIOS ES AMOR». Y me gusta agregar: «DIOS ES GOZO». Conocer y sentir el amor de Dios equivale a conocer ese profundo gozo que permanece, con el cual deseas salpicar a otros.

Jesús nos aseguró que no nos dejaría sin consuelo (véase Juan 14.18). No nos prometió días de tranquilidad sin fin, sino amor y crecimiento al recorrer los salientes y hundimientos de la vida. No dijo que viajaríamos todos en limusinas. Es posible que realicemos nuestro viaje en una camioneta destartalada, en un camión, en una bicicleta o hasta en silla de ruedas. No importa cómo viajemos, lo importante es sentir sobre nosotros el aliento de Dios. Necesitamos un despertar que nos haga saber que Dios ES amor y que podemos tener comunión con Él.

En ocasiones nos es de ayuda estar solos en un sitio de hermoso paisaje. Podría ser a orillas del mar con las olas rompiendo sobre la playa o tal vez mientras nos balanceamos en un bote a vela o simplemente al recorrer un sendero y sentir la brisa que sopla por la copa de los árboles.

Pero el amor de Dios puede ocurrir en CUALQUIER SITIO. Una vez me sucedió en la oficina de la dirección de tránsito mientras elegía una patente personalizada para Bill. Al revisar las hojas del libro gigante que contenía los nombres previamente utilizados para tal fin, me di cuenta de que mi propio nombre está escrito en otro libro de mayor importancia: el libro de la vida del Cordero y que para siempre soy hija del Rey. Dios me recordó que soy su hija. ¡Soy de la realeza! El abrigado manto reconfortante de Dios me envolvió con la certeza de su cuidado. Sentí su presencia con tal intensidad que me vinieron lágrimas a los ojos. La cálida sensación vigorizante de su amor

se derramó sobre mí... ¡AUN EN LA DIRECCIÓN DE TRÁN-
SITO!

Pero en realidad no tiene importancia el sitio específico
donde esto ocurra. Lo importante es sumergirse en el amor de
Dios. Nuestra relación personal con Dios es la que produce
una diferencia y atrae el gozo de su fuente de vida. La experiencia me ha enseñado que sólo los que han pasado de la
desesperanza a la esperanza pueden conocer la sensación que
produce una refrescante fuente de vida. Uno de los pensamientos que más me agrada es:

DIOS AMA AL CRISTIANO AL BORDE DEL ABISMO.

En otras palabras, Dios desea que el creyente dependa
TOTALMENTE de Él. Y cuando clamamos a Él pidiendo
ayuda, su amor es la soga que nos saca del pozo ciego y nos
lleva a su fuente refrescante. Cuando llegamos a la fuente y
somos salpicados por el gozo de Dios, algo sucede. Nos damos
cuenta de que no somos los únicos que sabemos lo que es un
pozo ciego. A veces por causa de nuestra soledad es fácil
pensar que somos los únicos que han debido sufrir «de este
modo particular». Pero cuando el amor de Dios nos toca
durante nuestro sufrimiento, podemos ver la falta de profundidad de nuestra preocupación por otros.

C.S. Lewis ha dicho que la pena es semejante a un largo y
sinuoso valle, donde cualquier recodo del camino puede reve-
lar un paisaje completamente nuevo. Y cuando nos encontramos con ese paisaje nuevo y hermoso comprendemos con
claridad el significado de ser un levantador de ánimo. El amor
es el regalo más grande que podemos dar y, si se lo permitimos, Dios nos ayudará a ser sensibles a la soledad, la pena y
el dolor dondequiera que existan... o sea, en derredor nuestro.

Dios siempre necesita más tubería

Piensa en un jardinero que riega su jardín. Puede canalizar
el agua vivificante a todas las áreas con excepción de un rincón
alejado donde está ubicada una pequeña planta moribunda.
El jardinero sabe que si tuviera tan solo un tramo más de

cañería podría hacerla llegar hasta esa planta marchita y transformarla dándole vida nueva.

Lo mismo sucede con el Maestro Jardinero. Como Él decide ministrar a través de nosotros, necesita muchos tramos de cañería para bendecir a las personas aquí, allí y en todo el mundo. Posiblemente en tu zona haya una persona decaída y marchita que necesita del toque de Dios en este momento. Proverbios dice: «La angustia deprime al hombre; la palabra amable lo alegra».[3]

Podemos ser ese tramo de cañería que se agrega, por medio del cual Él puede canalizar su ánimo, su aliento y su gozo a todos los que los necesitan. El propio Cristo fue ejemplo de lo que significa ser un levantador de ánimo. La noche anterior a su muerte, en uno de los momentos de mayor oscuridad que jamás hubiesen conocido Él y sus discípulos en el transcurso de los tres años que habían estado juntos, les dijo: «¡Cobren ánimo! Yo he vencido al mundo».[4]

En los Ministerios Espátula sentimos que nuestra forma más común de ser una cañería es mediante la respuesta a las cartas y las llamadas telefónicas, en ocasiones dirigidas a personas muy frenéticas y desesperanzadas. También salimos a dar conferencias por todo el país, y una vez por mes llevamos a cabo un grupo de apoyo para padres de homosexuales, el cual es un prototipo para docenas de grupos de esta característica por toda la nación. Pero a veces Dios nos pide que extendamos un tramo de cañería muy personal que vaya directamente hasta alguien que está necesitado de una porción especial de tierno cuidado amoroso.

La mamá de Greg recibió el casete donde informaba de su suicidio

El año pasado, un sábado, a eso de las once de la mañana, recibí una exaltada llamada de una madre que decía: «Mi hijo, Greg, vive en La Habra y me acaba de enviar un casete donde me comunica que es portador del virus del SIDA y que se quitará la vida. ¿Podría usted salir a buscarlo? No sabemos de ninguna otra persona a quien pudiésemos llamar».

Al hablar con esta madre, me enteré que ella y su esposo

habían estado de viaje y habían regresado a su hogar en Idaho antes de lo esperado. Al llegar a casa los aguardaba el casete, y ella estaba segura de que su hijo había pensado que para cuando ellos escuchasen la grabación varios días después, él ya se habría quitado la vida.

La madre de Greg me dio su dirección e inmediatamente salí para tratar de ubicarlo. Su departamento quedaba a sólo cinco kilómetros de distancia de mi casa y conduje el automóvil a la mayor velocidad posible, pensando en los días que habían transcurrido desde que enviara el casete a su madre. ¿Qué haría si ya fuese demasiado tarde?

Llegué a un viejo complejo de departamentos donde se suponía que estaba ese joven y descubrí que acababa de ser pintado. La arquitectura española ahora ostentaba tonos extravagantes de orquídea y turquesa, y no había números en ninguno de los departamentos porque habían sido quitados temporalmente por los pintores.

Fui de puerta en puerta preguntando a todos por un joven llamado Greg, pero al parecer ninguno de los que estaban allí hablaba inglés y mi español prácticamente ha caído en el olvido, de modo que no obtuve ninguna respuesta positiva. Ya empezaba a pensar que me habían dado la dirección equivocada cuando, al dirigirme hacia el frente del edificio, vi una puerta entreabierta. Pensando que tal vez era el lavadero, la empujé hasta quedar de par en par y miré para adentro. La pequeña habitación era oscura y húmeda, y olía a excremento de gato. El único mobiliario era una cama larga y angosta, una mesa y una silla. Entonces, en la semipenumbra, divisé un hombre joven, alto, oscuro y demacrado que permanecía sentado con la mirada perdida en el infinito.

—¿Eres Greg? —pregunté.

Sorprendido, el joven me miró y dijo:

—Sí, pero... ¿quién eres tú?

Le dije quién era, que su madre me había llamado esa mañana y me había pedido que lo viese.

—Dios de veras te ama, Greg —le dije—. No importa en lo que hayas estado metido, Dios te ama y te perdonará. Dios no te dará la espalda. Es posible que te hayas apartado, pero quiero que sepas que Jesús murió por tus pecados, aún te ama y desea darte la bienvenida al regresar. ¿Puedo orar contigo? ¿Puedo hablar contigo?

Oré con Greg y luego hablamos por casi una hora. Me dijo que no podía creer que nadie se interesase tanto por él. Había asistido a una universidad cristiana durante un tiempo, pero cuando los estudiantes de ese lugar se enteraron de que era homosexual comenzó a encontrar notas pegadas a su puerta que decían: «¡VETE DE AQUÍ, MARICA!»

Finalmente había dejado la universidad y se había entregado totalmente al estilo de vida homosexual. Pero la convicción mental lo perseguía constantemente porque sabía que estaba en error. Se mudó de Long Beach a La Habra con el fin de iniciar una nueva vida y abandonar todo su pasado pecaminoso. Pero justo antes de dar su primer paso hacia la restauración con Dios, se enteró que sufría de SIDA.

Greg también me dijo que no tenía dinero, no había comido por varios días y que estaba a punto de perder su auto por falta de pago. Había pensado suicidarse ese día mediante una sobredosis y para probarlo me mostró un frasco lleno de somníferos.

Metí la mano en mi cartera y le di todo el efectivo que llevaba conmigo: treinta y cinco dólares. Luego le dije:

—Greg, saldré a buscarte alimentos y otras cosas. Por favor, no hagas nada desesperado en mi ausencia. Regreso pronto.

Greg prometió que me esperaría, de modo que fui a casa y le relaté a Bill lo sucedido. Mientras que Bill juntaba algo de dinero, fui hasta el supermercado para comprar unos huevos, queso, pan y otras provisiones, como así también unas vitaminas. Luego regresé rápidamente hasta el departamento de Greg. Sólo me había demorado una hora, pero cuando llegué de vuelta estaba cerrado con llave y al golpear la puerta nadie respondía.

Busqué a la encargada y le dije:

—Necesito pasar al departamento de este joven porque hace una hora estuve aquí y debo guardar unas provisiones.

La mujer me permitió entrar y cuando abrí su refrigerador lo único que había allí era media lata de 7-Up. Guardé lo que había traído. Dejé una nota con mi número telefónico que decía: «Greg, no sé adónde estás, pero por favor llámame en cuanto llegues».

¡Cuando volví a casa estaba sonando el teléfono y era Greg!

—No puedo creer que alguien haya hecho esto —me dijo—. Había salido a comprar alimentos con los treinta y cinco dólares porque no había comido en toda la semana. Es increíble que Dios verdaderamente se interese por mí.

Al día siguiente llevé a Greg a una iglesia en la zona de Glendora y lo ayudé a involucrarse con un grupo de apoyo para víctimas de SIDA. Ellos se ocuparon de él y le consiguieron transporte para que pudiera asistir a las reuniones del grupo de apoyo y a los cultos del domingo.

Resultó que Greg tenía una hermosa voz y pronto desarrolló un tremendo ministerio en la iglesia, cantando en todo tipo de actividades, inclusive en los funerales de jóvenes de su grupo de apoyo que murieron de SIDA.

Mientras tanto, Greg siguió viviendo en el edificio de departamentos color orquídea y turquesa y volvió a trabajar en una oficina que quedaba a casi cuatro kilómetros de distancia. Como le habían quitado su automóvil, Greg debía recorrer esa distancia a pie todos los días, pero afortunadamente unos amigos le proveyeron de una bicicleta. Durante los meses que siguieron la utilizó para ir y volver de su trabajo. El camino que recorría pasaba justo por nuestra casa, así que a menudo se detenía para merendar o simplemente para visitarnos de camino a casa. Hacía calor y había niebla con humo, pero Greg nunca se quejó. Se consideraba afortunado de poder andar en bicicleta para ir y volver.

Justo antes de Navidad Greg fue transferido a una sucursal que quedaba a unos cuarenta y ocho kilómetros de La Habra. La buena noticia era que quedaba mucho más cerca de la iglesia donde le gustaba estar con sus nuevos amigos cristianos, luego de romper definitivamente con su vieja forma de vida homosexual. La mala noticia era que debía mudarse a un sitio nuevo que quedaba a mayor distancia de su lugar de trabajo y, por lo tanto, necesitaba un automóvil desesperadamente.

Para ese entonces realmente habíamos llegado a amar a Greg y nos preocupaba saber cómo se las arreglaría para mudarse y para movilizarse de ida y vuelta al trabajo. Un día Bill entró a casa y me dijo que acababa de recibir una revelación. Como él recibe muy pocas revelaciones le presté toda mi atención.

«¡Le regalaré mi Wumphee a Greg para que pueda mudarse y mantener su empleo!», dijo Bill.

Anteriormente, dije que mi apodo para Bill es «Wumphee». También mencioné que había adquirido una patente personalizada para su Oldsmobile del año 1974, un auto que debería haber sido un barco dedicado a la pesca del atún... al menos su tamaño se le asemeja. Wumphee me pareció el nombre indicado para ponerle a la patente y así fue que su amado automóvil también recibió el apodo de Wumphee. El único problema fue que tan pronto como hubo colocado las placas personalizadas, los empleados de las estaciones de servicio en todas partes empezaron a decirle «Mr. Wumphee» a Bill. Dijo que ya bastante malo era que su esposa le dijese tal cosa, pero escuchar que le dijesen: «Que tenga un buen día, señor Wumphee», cada vez que cargaba gasolina le resultaba casi insoportable.

A pesar de eso, Bill amaba a Wumphee, de modo que el gesto de regalárselo a Greg de ningún modo fue pequeño. No sólo eso, sino que Bill lo limpió, llenó su tanque gigante de gasolina y puso en el baúl una caja de aceite (Wumphee quema casi tanto aceite como gasolina).

Todo esto verdaderamente me sorprendió porque Bill es famoso por su frugalidad sueca (i.e., tacañería, cocodrilo en el bolsillo). Como toque final, pusimos un montón de monedas de cinco, diez y veinticinco centavos en el cenicero para desalentar a los pasajeros que quisieran fumar en el auto y así Greg dispondría de bastante cambio para parquímetros... o hamburguesas.

La siguiente vez que pasó Greg a visitarnos, Bill le entregó el título de propiedad de Wumphee. Siendo poco afecto a las ceremonias o al sentimentalismo, lo único que dijo fue: «Todo funciona. No es necesario que le hagas nada a Wumphee, sólo asegúrate de agregarle aceite porque sí quema bastante aceite».

Todos celebramos ese día de júbilo. Bill recibió una salpicadura de gozo cuando vio cómo se iluminaban los ojos de Greg por causa del automóvil, y me produjo mucho alivio que el problema de transporte de Greg estuviera solucionado... ¡de modo tan sencillo! Justo antes de que Greg se alejara haciendo sonar la bocina, Bill le mencionó que cuando obtuviera sus propias placas, deseaba que le devolviera las suyas personalizadas. Greg las devolvió con gusto y ahora las placas WUMP-HEE han sido expuestas con orgullo en nuestro cuarto de gozo.

Greg sabe que Dios es real

Desde ese día en que recibí la llamada desesperada de la madre de Greg, ella y su esposo se han mantenido en contacto con él. Vinieron para ayudarlo con su mudanza y estando aquí también asistieron a una reunión de Espátula, convirtiéndose en firmes sustentadores del ministerio. Al completar este capítulo, Greg se encontraba luchando con su enfermedad y contaba con la energía suficiente para trabajar y ministrar por medio de su habilidad musical en diversos medios.

Al poco tiempo de encontrar a Greg al borde del suicidio, me puse en contacto con Marilyn Meberg, una de sus profesoras de la universidad. La recordaba con cariño como alguien que había «iluminado» su vida en ese momento. Le relaté a Marilyn la historia de Greg y ella quedó encantada, porque se encontraba en plena preparación de unas nuevas presentaciones acerca del amor y cuidado de Dios: su modo de ser pastor para todas sus ovejas. Ella le escribió y tanto ella como Greg han aceptado compartir partes de sus cartas contigo:

Greg:

Mi corazón sufre por el dolor que has experimentado por causa del aislamiento y el apoyo que no te dieron y, más que todo, el temor de que Dios también te había dado la espalda. Cuán lejos de la naturaleza de Dios está el abandonarnos y, sin embargo, con qué rapidez tendemos a pensar que Él probablemente siente por nosotros lo mismo que los demás. Me impacta el hecho de que Dios dirigiese a Barbarita a tu puerta el mismo día en que más lo necesitabas. Me topé con un par de versículos increíbles que le caben a tu experiencia.

Ezequiel 34.11,12 dice: «He aquí yo, yo mismo iré a buscar mis ovejas, y las reconoceré. Como reconoce su rebaño el pastor el día que está en medio de sus ovejas esparcidas, así reconoceré mis ovejas, y las libraré de todos los lugares en que fueron esparcidas el día del nublado y de la oscuridad».

Mi muy querido Greg... Dios te ha ido a buscar, te ha encontrado entre los «esparcidos» y te ha tomado en sus brazos ¡para que sepas que te tiene en estima y te ama! Desafortunadamente, con demasiada frecuencia las «ovejas» no demuestran la compasión y aceptación de su Pastor. Nos lastimamos los unos a los otros de forma imperdonable. No confundas su modo de proceder con el del Pastor. Él no condiciona su amor, Greg... sólo cree en Él y recíbelo. ¡QUÉ TRATO! ¡Dios te ame Greg y te mantenga cerca de Él!

Marilyn Meberg

Poco tiempo después, Marilyn recibió esta carta de Greg:

Querida señora Meberg:

Gracias por mencionar Ezequiel 34. Me siento abrumado al considerar las bendiciones que Dios ha otorgado a esta pequeña oveja extraviada. Ciertamente Él me ha buscado por los sitios en los que me había extraviado, no sólo sitios físicos sino aquellos lugares dentro de mi corazón que lentamente se iban enfriando al alejarse de su calor. Deseo decir un par de cosas. Por primera vez en mi vida sé que Dios es real. Basta con observar el menú y admirar las hermosas fotografías de la comida; mi comida ha llegado y la he saboreado plenamente. Sé que la muerte es real, la he visto en los ojos de mi amigo, Brent, y sé que un día yo también he de morir. También sé que el Pastor que me tomó en sus brazos aquí, me dará la bienvenida cuando llegue al más allá.

Para Navidad, Greg me regaló un precioso calendario de Erma Bombeck y, cada día al arrancar una hoja, me acuerdo de él, de su maravilloso sentido del humor y de los talentos que está usando para el Señor con tanta efectividad. En cierta ocasión le asigné la tarea de buscar una gran cantidad de textos bíblicos para que yo los incluyera en algo que estaba preparando para la circular informativa *Love Line* [Línea de amor].

Cumplió con diligencia lo encomendado y me trajo una lista. Representaba horas de trabajo y Greg estaba tan complacido por haber logrado todo lo que le había solicitado porque quería, de algún modo, hacer algo por nosotros como respuesta a lo que habíamos hecho por él. Así es como funciona este principio:

> AL REFRESCAR A OTROS,
> NOSOTROS MISMOS NOS REFRESCAMOS.

Tómate tiempo para amar

Así, como en la historia de Greg, hay muchos otros que sufren por estar en un pozo ciego u otro. Si el amor de Dios ha llegado a tu vida, Él desea que dediques tiempo para que llegue a otros. Tal como dice el verso final de una poesía muy conocida:

> TÓMATE TIEMPO PARA AMAR...
> ES UNA CUALIDAD DIVINA.

No hay límite a la cantidad de vidas que puedes llegar a tocar para el Maestro si decides convertirte en una cañería para su amor. Es posible que alguna vez hayas leído en alguna parte la poesía que aparece a continuación. Es muy conocida y ha sido repetida de un modo u otro en muchos lugares. «El viejo violín» se incluye aquí porque declara con mucha claridad el mensaje de este capítulo:

> Estropeado y ajado estaba, por eso el rematador
> pensó que no ameritaba su escaso valor
> dedicar al viejo violín mucho tiempo,
> pero aun así lo mostró, sonriendo.
> Exclamó: «¿Cuánto ofrecen por él, buena gente?
> ¿Quién abrirá la subasta?
> Un dólar, un dólar... ahora dos, sólo dos...
> Dos dólares, ¿quién dará tres?
> Tres dólares a la una, tres dólares a las dos,
> vendido en tres...» ¡pero no!
> Desde el fondo del cuarto un canoso señor
> adelantándose, el arco tomó;
> del viejo violín el polvo quitó

y todas las cuerdas tensó,
ejecutó una melodía de pureza tal;
de dulzura cual cántico angelical.
La música se detuvo y el subastador,
con voz imperceptible y queda,
dijo: «¿Cuánto me dan por el viejo violín?»
Y al público, con el arco, lo mostró.
«Mil dólares... y quién dará dos?
Dos mil... y quién dará tres?
Tres mil a la una, tres mil a las dos...
¡Vendido en tres mil!» dijo él.
La gente vitoreaba pero algunos exclamaban:
«Qué difícil resulta entender esto...
¿Qué cosa aumentó su valor?» Dijo el hombre:
«¡El toque de la mano del maestro!»
Así son muchos hombres de vida desafinada,
estropeados y desgarrados por el pecado,
ofrecidos cual baratija ante gente desalmada,
al igual que aquel viejo violín...
Pero se acerca el Maestro y la multitud necia
nunca termina de entender esto:
El valor de un alma y el cambio que opera
el toque de la mano del Maestro.

Myra Brooks Welch[5]

Existen muchas maneras de llevar a la gente al Maestro. En otros libros he sugerido envolver un ladrillo en papel dorado y darlo como regalo.[6] Sirve de traba para puertas, es barato y de sencilla confección. Sugiero que primero hagas uno para ti. Consigue un ladrillo usado o compra uno nuevo por pocos centavos en un negocio de materiales de construcción. Busca algún papel de regalo de color DORADO brillante y envuélvelo cuidadosamente. Luego átale un moño vistoso de colores y agrégale tal vez unas cerezas o bayas o alguna otra ramita de color.

¡Ahora posees un hermoso recordatorio de que eres ORO EN FORMACIÓN! El horno de dolor por el que has pasado o en el cual te encuentras ¡te ha convertido en oro para uso del Maestro! Has sido y sigues siendo refinado, purificado, probado... ¡hasta ser de VALOR!

¿Sabías que si todo el oro del mundo fuese fundido hasta obtener un cubo sólido sería aproximadamente del tamaño de una casa de ocho habitaciones? Si poseyeses todo ese oro (por valor de billones de dólares) no podrías comprar un amigo, ni carácter, ni paz mental, ni conciencia limpia, ni vida eterna. Y sin embargo eres ORO EN FORMACIÓN por causa de las pruebas que has pasado. ¡ESA SÍ que es una idea emocionante!

Después de que esté tu ladrillo dorado elegantemente ubicado próximo a tu puerta cumpliendo la función de traba, fabrica otro ladrillo como ese para un buen amigo. Tal vez se trate de alguien que ha sido un «ladrillo de oro» en tu vida que te ha refrescado y animado, y posiblemente en este momento necesita que alguien le levante el ánimo. Lleva tu obsequio a ese amigo y hazle saber cuánto te ha refrescado y animado. Dile que deseas darle las gracias por la ayuda brindada durante tu tiempo de pruebas y que quieres recordarle que también es oro en formación.

Dentro de un tiempo es posible que te encuentres fabricando muchos ladrillos dorados más para regalar a otros amigos que son como oro en tu vida.

Otra cosa que he hecho también últimamente es envolver un pequeño trozo de madera, aproximadamente del tamaño de una cajita de fósforos. Utilizo papel brillante de colores vivos al que le coloco cinta y lo envío a amigos con el siguiente mensaje pegado a la caja:

> Este regalo es muy especial
> y verlo nunca podrás.
> La razón por la que es especial
> es que yo te lo hago llegar.
> Cuando tengas felicidad,
> o aun si triste estás,
> con sólo mirar aquí sabrás
> que en ti siempre he de pensar.
> Por favor, deja el moño atado
> que el paquete quede cerrado...
> Sólo arrímalo a tu corazón
> porque adentro hay mucho AMOR.

Esas son sólo un par de ideas, ni profundas ni caras, sino formas sencillas de llevar a alguien al Maestro, y así desparramar algunas salpicaduras de gozo en un mundo de pozos ciegos. Tal vez prefieras otro enfoque, pero lo importante es hacer ALGO. Tal como lo expresa la carta de una mujer:

IMAGÍNATE QUE ERES UNA ESTRELLA
Y PENETRA LA OSCURIDAD DE ALGUIEN.

Larry me da una sorpresa agradable

Al final de una entrevista con el Dr. James Dobson en su programa radial, «Focus on the Family» [Enfoque a la familia], él dijo algunas cosas agradables con respecto a los Ministerios Espátula:

> Bárbara, cuánta compasión demuestras al permitir que se te acerquen con su desdicha personas que ni conoces. La mayoría de nosotros tenemos tantas dificultades propias que no necesitamos las de otros. Además, una cosa es rodear con tu brazo a un hermano o a una hermana que sufre y es de la iglesia, alguno que has conocido por muchos años e intentas ayudar; otra muy distinta es decirle a todo el mundo que aceptarás sus problemas, no sólo sus problemas, sino su desdicha. Has hecho eso durante muchos años. No conozco a muchos que lo hagan. Me quito el sombrero ante ti. No tiene un geranio, pero igualmente me lo quito. Verdaderamente aprecio quién eres.

Con cierta vergüenza, intentaba decirle al Dr. Dobson que apreciaba sus bondadosas palabras y su sonrisa siempre lista, pero me interrumpió diciendo que me tenía preparada una sorpresa que iluminaría MI rostro con una sonrisa. «Acabamos de llamar por teléfono al hijo de Bárbara, el hijo al cual ella se ha referido varias veces», le dijo a la audiencia. «Él tiene un mensaje que queremos dejarles a todos».

Luego escuché la voz de Larry que decía las siguientes palabras inolvidables:

> Los once años de distanciamiento fueron difíciles tanto para mis padres como para mí. Durante ese tiempo vi con claridad el poder atrapante de la amargura y del resentimiento en los cuales se había sumido nuestra familia. Sin

embargo, ahora estamos todos agradecidos por la restauración sanadora de Dios.

Y si has leído el libro de mi mamá, *So Stick a Geranium in Your Hat and Be Happy* [Ponte un geranio en el sombrero y sé feliz], estarás enterado de los detalles y del impacto de su ministerio sobre mi situación y sobre los que han estado en situación similar. Estoy agradecido por ti y por todos los que escuchan tu programa que han orado por mí y por mi familia, y en este momento sólo puedo dar estas palabras de consejo:

Si nosotros como cristianos nos proponemos ser bondadosos y amables en todo lo que hacemos, si echamos a un lado un espíritu condenador y aprendemos el temor del Señor, seguramente la luz de Cristo podrá brillar en nuestro mundo incrédulo, y la restauración y renovación echarán raíces en las vidas de aquellos con los que nos relacionamos a diario.

El escuchar allí las palabras expresadas por mi querido hijo después de los largos años de distanciamiento no fue una mera salpicadura de gozo, ¡MAS BIEN SE ASEMEJABA A UNA MAREJADA! Como madre y ahora lo que es aun más importante, COMO SU MEJOR AMIGA, lo único que puedo decir es...

¡BRAVO!

Salpicaduras...

LA FELICIDAD ES COMO LA MERMELADA:
NO ES POSIBLE UNTARLA
SIN QUE SE TE PEGUE UN POCO.

* * * * * *

CUANDO DIOS MIDE UNA PERSONA,
RODEA SU CORAZÓN CON LA CINTA MÉTRICA
NO SU CABEZA.

* * * * * *

ÉL AMA A CADA UNO, COMO SI FUESE EL ÚNICO.

San Agustín

EL AMOR...

es el único tesoro que se multiplica por división: Es el único regalo que cuanto más le quitas más se agranda. Es el único negocio donde conviene ser un derrochador absoluto; regálalo, tíralo, salpícalo por todas partes, vacía tus bolsillos, sacude la cesta, invierte el vaso y mañana tendrás más que nunca.

Origen desconocido

* * * * * *

SALVACIÓN
¡NO ABANDONES LA TIERRA SIN ELLA!

* * * * * *

¡SÉ PRÓDIGO! ¡VIVE ABUNDANTEMENTE!

Cuanto más das, más recibes.
Cuanto más te ríes, menos te preocupas.
Cuanto más desprendido eres,
más abundantemente vives...
Cuanto más compartas,
más tendrás para compartir.
Cuanto más ames, más comprobarás
que es buena la vida y la amistad.
Pues únicamente lo que regalamos
nos enriquece cada día más.

Origen desconocido

* * * * * *

COSAS QUE NO VEMOS
COSAS QUE NO OÍMOS
COSAS QUE NO NOS IMAGINAMOS
SON PREPARADAS POR DIOS
PARA AQUELLOS QUE LO AMAN.

* * * * * *

Puedes tener la seguridad de que Dios rescatará a los hijos de los justos

(Proverbios 11.21), [traducción libre del inglés The Living Bible]

Salpiquemos al subir

*La vida es demasiado corta para comer
bananas pasadas.*

Recientemente hablé en una conferencia que se realizó en un área remota de Nebraska. Mi cabaña estaba ubicada justo debajo de un puente ferroviario, y qué característica especial tenía ese sitio por causa de los trenes que pasaban retumbando a toda hora del día y de la noche.

Me pasé gran parte de la noche despierta, pero fue divertido, porque me fascinaba escuchar los primeros silbatos distantes del tren cuando se aproximaba a un cruce. Luego me imaginaba cómo se acercaba, pasaba y se alejaba a gran velocidad en la noche. Al prestar atención, aprendí a reconocer la diferencia entre un tipo de locomotora y otro con sólo escuchar el sonido del silbato o del traqueteo de la máquina.

Mientras seguía escuchando el paso de los trenes, me surgieron reminiscencias del tiempo cuando era niña y visitaba a mi tía que vivía en un sitio donde podía escucharse el paso de los trenes por la noche. ¡Qué agradables encontraba esos sonidos familiares!

¡El único tren que escucho hoy en día es la locomotora a vapor de Knott's Berry Farm! Qué afortunada me sentí aquella noche al poder oír esos sonidos de traqueteo mientras los trenes cruzaban el puente que estaba encima de mí.

A la mañana siguiente, mientras me dirigía a desayunar, miré hacia arriba al puente y reflexioné acerca de la obra de arte que son las vías del ferrocarril. Temprano por la mañana y al caer la tarde, cuando el sol se movía hacia el horizonte, la superficie de los rieles brillaban de modo casi radiante. El acero altamente pulido resaltaba ante el aspecto apagado y deteriorado de las traviesas y el balasto.

Qué hermosas se veían estas relucientes cintas de acero a la luz dorada del sol. No pude evitar la comparación de que así como las vías ferroviarias sólo se embellecen después de soportar tremendo peso, tensión y presión que pulen los rieles hasta darles un brillo superior, del mismo modo les sucede a muchas personas que conozco.

Durante el desayuno, muchas de las mujeres se quejaban y algunas me preguntaban cómo hacía para dormir con tantos ruidos de trenes. Les dije que no me molestaban, y luego le pregunté a una mujer por qué parecía que todos los trenes se dirigían hacia el este. Su respuesta: «¡Porque hacia allí se dirige la locomotora!»

¡Me contuve de recordarle que al parecer sólo a mí me correspondía contar los chistes! En lugar de eso, seguí pensando en la alegría que me daba poder disfrutar de sonidos y recuerdos de tiempos distantes: encontrar gozo en las pequeñas cosas. Después de todo, siempre me quedaba la posibilidad de dormir en otros sitios o en casa, pero rara vez podría emocionarme al permanecer despierta la mayor parte de la noche escuchando el paso de los trenes y reavivando mis recuerdos de modo tan agradable.

Hay sonidos y también olores que desencadenan mis recuerdos. Cada uno de nosotros probablemente puede pensar en ciertos olores que traen reminiscencias de tiempos felices. Para los que vivimos en zonas donde la ley aún permite el olor a hojas quemadas, hay recuerdos de las reuniones de la secundaria y de las calabazas de Halloween. O piensa en el aroma de las hojas secas de pino y te remontas al bosque en ocasión de la primera vez que acampaste.

El olor a alcohol probablemente te provoque dolor en la

base del estómago al recordar las vacunas de la infancia o los masajes de espalda en el hospital.

El dulce y anticuado perfume a lilas evoca los fantasmas de los jardines de la infancia, rodeados de paredes de ladrillo, con árboles de denso follaje.

El olor a lana humedecida siempre me hará pensar en guantes mojados con puños escarchados, bolas de nieve y niños de mejillas coloradas que entran a la casa escapando del frío bajo cero.

Nuestros oídos y narices nos pueden enseñar casi tanto acerca de la vida como cualquier libro. Es por eso que me agrada tanto escuchar los trenes y los silbatos, así como también oler el aroma de café recién preparado, talco para bebé, cuero nuevo y de delicada lluvia que cae sobre polvo veraniego.

Y, personalmente, me encanta el olor a gasolina que se bombea al tanque. Tal vez me trae a la memoria esos largos viajes recorriendo el país, en los que se derretían los creyones de los niños al atravesar el caluroso desierto, esperando ansiosamente llegar a la próxima parada

Para todos los meses del año es posible que haya olores que despierten recuerdos y te hagan sentir vivo. Como dijo J.H. Roades:

HAZ ALGO MÁS QUE EXISTIR... ¡VIVE!
HAZ ALGO MÁS QUE TOCAR... ¡SIENTE!
HAZ ALGO MÁS QUE MIRAR... ¡VE!
HAZ ALGO MÁS QUE OÍR... ¡ESCUCHA!
HAZ ALGO MÁS QUE HABLAR... ¡DI ALGO!

A esto agregaría: Haz algo más que oler una fragancia... *disfrútala*. Es más, disfruta de todo lo que puedas mientras puedas.

Durante mi infancia en Michigan, comprábamos manzanas por barril y mi madre siempre se aseguraba de que las comiésemos TODAS, aun las del fondo que estaban arenosas, blandas y de color marrón. Cuando me casé con Bill, pensé que me había escapado de tener que comer fruta arenosa, marrón y pasada, pero rápidamente descubrí que él era igual a mi mamá, sólo que su especialidad eran las bananas.

Cuando los niños eran pequeños, Bill se aseguraba de que se comieran TODAS las bananas, aun las que se habían ablandado y estaban manchadas de marrón. Parecía que nunca podíamos comer bananas lindas, frescas y amarillas; siempre había unas marrones que no se habían acabado... ¡a no ser que las botara cuando Bill estaba en su trabajo! Quizás ese sea el motivo por el que siempre me gusta iniciar un nuevo mes, porque me deshago de todo lo que ha sobrado o está pasado y vuelvo a comenzar con provisiones frescas. Opino que la vida es demasiado corta para comer bananas pasadas. ¡Opino igual con respecto a las manzanas!

Sin embargo, aunque me alegra no verme obligada a seguir haciendo eso, también me alegra que mamá nos hiciera comer manzanas viejas y pulposas, y que Bill nos forzara a comer bananas pasadas. Me enseñó una valiosa lección que se encuentra en una de mis lecturas favoritas: «The Station» [La estación], por Robert J. Hastings. ¡Definitivamente él no estaba de acuerdo con que se comiesen bananas pasadas!

Perdida en nuestros subconscientes se encuentra una visión idílica en la que nos vemos realizando un largo viaje que se extiende a lo largo de un continente. Nuestro medio de locomoción es el tren y, desde las ventanillas, nos deleitamos con las escenas que van pasando: autos que se deslizan por autopistas cercanas, niños que saludan en los cruces, ganado que pasta a la distancia, humo que brota de las fábricas, hileras y más hileras de algodón, maíz y trigo, planicies y valles, ciudades recortadas contra el firmamento y los ayuntamientos de los pueblos.

Pero lo que más se destaca en nuestras mentes es nuestro destino final, pues a cierta hora de un día determinado, nuestro tren finalmente arribará a la estación donde sonarán las campanas, flamearán las banderas y las bandas tocarán. Cuando llegue ese día, tantos sueños maravillosos se harán realidad. Así que, inquietamente, recorremos los pasillos y contamos los kilómetros, oteando el horizonte, esperando, esperando, esperando que aparezca la estación.

«¡Sí, cuando arribemos a la estación habremos logrado lo deseado!», nos prometemos. «Cuando tengamos dieciocho años... ganemos esa promoción... termine los estudios universitarios nuestro último hijo... nos compremos ese Mercedes Benz 450 SL... cancelemos la hipoteca... hayamos ahorrado una buena suma para la jubilación».

A partir de ese día viviremos todos felices para siempre.

Sin embargo, en algún momento deberemos darnos cuenta de que no existe en esta vida una estación, ningún sitio terrenal donde poder arribar como destino final. El gozo lo da el viaje. La estación es una ilusión... siempre está más allá de donde nos encontramos. El ayer es un recuerdo, el mañana es un sueño. El ayer pertenece a la historia, el mañana le pertenece a Dios. El ayer es un ocaso que se desvanece, el mañana es un amanecer que apenas se divisa. Sólo hoy disponemos de luz suficiente para amar y vivir.

De modo que cierra con suavidad la puerta del ayer y bota la llave. No son las cargas de hoy las que enloquecen a los hombres, sino el remordimiento por el ayer y el temor por el mañana.

«Disfruta del momento» es un buen lema, en especial cuando se le acopla al Salmo 118.24: «Este es el día que hizo Jehová; nos gozaremos y alegraremos en él».

Así que deja de recorrer los pasillos y de contar los kilómetros. En lugar de eso, practica natación en más ríos, escala más montañas, besa más bebés, cuenta más estrellas. Ríe más y llora menos. Descálzate con más frecuencia. Come más helado. Súbete a otro carrusel. Observa más puestas de sol. La vida debe ser vivida a medida que avanzamos.[1]

Robert Hastings tiene razón. No existe estación a donde arribar en esta vida que tenga importancia alguna, de manera que más te vale disfrutar de la travesía. Pero hay una Estación muy importante a la que finalmente arribarás.

Cuando estuve en Canadá hablando en una conferencia, llegamos al final de la misma y como todos nos teníamos que retirar inmediatamente después de la reunión final, se hizo un anunció para decirnos que nos pusiéramos la ropa de viaje... la llamaron su «vestimenta para regresar a casa». No pude evitar reflexionar acerca de eso. Todos somos peregrinos que viajamos hacia el hogar.

Me vino a la memoria una vieja canción que solíamos cantar

en «ronda». Mitad de la iglesia cantaba: «Hacia mi hogar yo voy... Hacia mi hogar yo voy...», y la otra mitad cantaba: «¡Cantemos todos, cantemos todos, A MI HOGAR!» Esto se repetía durante varias rondas, hasta que las últimas notas de la canción eran suaves y casi distantes, desvaneciéndose al acabar la misma con las palabras «A MI HOGAR».

Por medio de la fe en Cristo, todos nos dirigimos al hogar. Como Dios va transfiriendo gradualmente a nuestros seres queridos al cielo, cada vez tenemos más depósitos allí y como dice 1 Corintios 2.9: «Cosas que ojo no vio, ni oído oyó, ni han subido en corazón de hombre, son las que Dios ha preparado para los que le aman». Qué esperanza esplendorosa hallamos en esas palabras. Y si hubo alguna vez momento en el que estábamos necesitados de esperanza, ¡ese momento es AHORA!

Romanos 15.13 dice: «Que el Dios de la esperanza los llene de toda alegría y paz al confiar ustedes en Él, para que rebosen de esperanza por el poder del Espíritu Santo» (NVI). Para mí rebosar de esperanza significa rebosar de salpicaduras de gozo. Por lo tanto, si no tenemos oportunidad de salpicar gozo AQUÍ abajo, salpicaremos juntos ALLÍ arriba.

MEMO:

Me he ido a la casa
de mi Padre para
preparar tu lugar...
pronto regresaré
para buscarte.

Jesús

Referencias

Capítulo 1 *¡Sonríe! Te ayuda a matar tiempo entre desastre y desastre*

1. Para conocer el punto de vista de un sicólogo, véase «It Pays to Be an Optimist Even When Almost Everyone Is Pessimistic» [Vale la pena ser optimista aun cuando casi todos son pesimistas], una entrevista con el Dr. Martin E.P. Seligman de la Universidad de Pennsylvania, PA, *Bottom Line Personal*, 12, no. 10, 30 de mayo, 1991, 1.

2. Charles R. Swindoll, *Stengthening Your Grip* [Afirme sus valores], Word Books, Inc., Waco, TX, 1982. Usado con permiso.

Capítulo 2 *Cómo despojarte de tus agonías y apropiarte de tus credenciales*

1. «Twelve Steps in the Grief Process» [Doce pasos en el proceso de duelo], de Theos National Headquarters, 1301 Clark Building, 717 Liberty Avenue, Pittsburgh, PA, 15222.

2. Ida Fisher, *The Widow's Guide to Life* [Guía de la vida para la viuda], Lane Con Press, Long Beach, CA, citado en *Horizons* [Horizontes], una circular informativa bimestral publicada por Secure Horizons (Julio/Agosto 1991), 1.

3. Edgar Guest, «To All Parents» [A todos los padres], de *All in a Lifetime* [Todo en una vida], publicado originalmente en 1938. Reimpreso en 1970 por Books for Libraries Press, ahora

es un impreso de Ayer Company, Salem, NH. Usado con permiso.

4. Ann Landers, *The Ann Landers Encyclopedia, A to Z* [La enciclopedia de Ann Landers de la A a la Z], Ballantine Books Edition, NY, 1979, ix.

Capítulo 3 *Nos es necesario comprender que no siempre es necesario comprender*

1. Ashleigh Brilliant, *Pot-Shots* [Disparos], No. 954, Brilliant Enterprises, 1976. Usado con permiso.

2. El nombre del doctor era Benjamin Russ y su libro *Medical Inquiries and Observations Upon the Diseases of the Mind* [Investigaciones y observaciones médicas de las enfermedades de la mente], 1836. Se cita en Colin Murray Parkes, *Bereavement, Studies in Grief in Adult Life* [Aflicción, estudios sobre la pena en la vida adulta], International Studies Press, NY, 1973.

3. Véase Ezequiel 11.19.

Capítulo 4 *Adondequiera que vaya, allí estoy*

1. Trina Paulus, citada por Sue Monk Kidd, *When the Heart Waits* [Cuando el corazón espera], Harper & Row, NY, 1990.

2. Josh McDowell, *Building Your Self-Image* [Edifica tu imagen propia], Living Books, Tyndale House Publishers, Inc., Wheaton, Il, 1988, 19, 20.

3. Para saber más acerca de estas tres «patas» de la autoestima, véase Maurice Wagner, *The Sensation of Being Somebody* [La sensación de ser alguien] Zondervan Publishing House, Grand Rapids, 1975, capítulo 4. El libro de Wagner trata de modo excelente cómo construir un concepto adecuado del yo.

4. McDowell, *Building Your Self-Image* [Edifica tu imagen propia, 39-40.

5. Ashleigh Brilliant, *Pot-Shots* [Disparos], No. 251, Brilliant Enterprises, 1971.

6. Proverbios 12.25.

Capítulo 5 *I. I. D. D. (Igual inmundicia, día diferente)*

1. Karol A. Jackowski, *Ten Fun Things to Do Before You Die* [Diez cosas divertidas para realizar antes de morir], Ave Maria Press, Notre Dame, IN, 1989.

2. Poema de Janet Wagner reimpreso de Jackowski, *Ten Fun Things to Do Before You Die* [Diez cosas divertidas para realizar antes de morir], Ave Maria Press, Notre Dame, IN, 1989. Usado con permiso.

3. Adaptado de «101 Ways to Cope with Stress» [101 maneras de sobrellevar el estrés], Life Focus Center, 2255 Broadway Drive, Hattiesburg, MS, 39402.

4. Ibid.

5. Poema de Ernest Lowe usado con permiso.

6. Ezequiel 36.25.

Capítulo 6 *Ríete y el mundo se reirá contigo... Llora y ¡sólo te mojarás!*

1. Véase Donald E. Demaray, *Laughter, Joy, and Healing* [Risa, gozo y sanidad], Baker Book House, Grand Rapids, 1986, 25.

2. Norman Cousins, *Anatomy of an Illness as Perceived by the Patient* [Anatomía de una enfermedad según es percibida por el paciente], Norton, NY, 1979.

3. Dr. Laurence Peter y Bill Dana, *The Laughter Prescription* [Risa por receta], Ballantine Books, NY, 1982, 8.

4. Peter y Dana, *The Laughter Prescription* [Risa por receta], 9.

5. Demaray, *Laughter, Joy, and Healing* [Risa, gozo y sanidad], 29.

6. Véase «A Laugh a Day May Help Keep the Doctor Away» [Una risa por día posiblemente ayude a mantener alejado al doctor], *Prevention* [Prevención], 43, no. 6 (Abril-Mayo 1991), 50, 51.

7. Obtenido de un mensaje presentado en 1989 por Marilyn Meberg, Iglesia Lake Avenue Congregational, Pasadena, CA. Usado con permiso.

8. Job 3.25.

9. Leo Buscaglia, *Loving Each Other* [Amor recíproco], Holt Rinehart and Winston, NY, 1984, 116.

10. Este relato está incluido en una de las cintas grabadas del ex presidente Lyndon Johnson en la biblioteca presidencial LBJ en Austin, TX.

11. Este punto no ha sido traducido. Imposible hacerlo.

12. Se desconoce la procedencia original de esta historia. He indagado a tres diarios/asociaciones de prensa diferentes en California y Nueva York. Todos sabían de su existencia e informaban haber visto que se usara en diferentes situaciones, pero ninguno conocía su verdadera procedencia.

13. Obtenido de un mensaje dado por Marilyn Meberg en 1989, Lake Avenue Congregational Church, Pasadena, CA. Usado con permiso.

14. Reminisce [Recordar], 1, no. 1 (1991), 46.

15. Ibid.

16. Ibid.

Capítulo 7   *¿Cómo es posible que esté en bajada, si nunca he llegado a la cima?*

1. *Remarkable Things* [Cosas extraordinarias], 1988, Long Beach, CA, 90805. Usado con permiso.

2. Tengo entendido que Victor Buono falleció unos años atrás. No tengo forma de averiguar la procedencia de esta grabación.

3. «Calories That Don't Count» [Las calorías que no se cuentan], Old Towne Press, 227 E. Chapman Avenue, Orange, CA.

4. Anastasic Toufexis, «Forget About Losing Those Last Ten Pounds» [Olvídate de bajar esos cinco últimos kilos], *Time*, 8 de julio de 1991, 50.

5. Toufexis, *Time*, 51.

6. Estoy en deuda con Ann Landers por algunas de estas ideas acerca de la madurez.

7. Ashleigh Brilliant, *Pot-Shots* [Disparos], No. 611, Brilliant Enterprises. Usado con permiso.

Capítulo 8 *La maternidad no es para cobardes*

1. Se desconoce procedencia original. Citado en *Phyllis Diller's Housekeeping Hints* [Sugerencias para las tareas domésticas de Phyllis Diller], Doubleday & Company, NY, 1966.

2. *Remarkable Things* [Cosas extraordinarias], 1988, Long Beach, CA, 90805. Usado con permiso.

3. Obtenido de una columna escrita por Stan Walwer, «Why Mother's Tough to Understand» [Por qué es difícil comprender a mamá], Highlander Newspapers, City of Industry, CA. Usado con permiso.

4. Sondra Johnson, «Praying for Adult Children» [Oremos por los hijos adultos], reimpreso con permiso de *The Breakthrough Intercessor* [El intercesor victorioso], Breakthrough, Inc., Lincoln, VI, 22078.

5. Ibid.

6. Diseño original de punto cruz por Pat Carson, Sumter, SC. El poeta es desconocido.

7. L.J. Burke, citado en «Promises for Parents: Daily reminders that children are a gift from God» [Promesas para padres: Diarios recordatorios de que los hijos son regalo de Dios], un producto *DayBrightener* de Heart'n' Home de Garborg, Bloomington, MN. Usado con permiso.

Capítulo 9 *Señor, que mis palabras sean tiernas y dulces, ¡pues quizás el día de mañana deba tragármelas!*

1. Ashleigh Brilliant, *Pot-Shots* [Disparos], No. 129, Brilliant Enterprises, 1984. Usado con permiso.

2. Proverbios 13.12.

3. Proverbios 11.21.

4. Adaptado de Toby Rice Drews, *Getting Them Sober* [Cómo llevarlos a la sobriedad], vol. 1, Haven Books, Plainfield, NJ, 1980.

5. Salmo 30.5.

6. Barbara Johnson, *So, Stick a Geranium in Your Hat and Be Happy* [Ponte un geranio en el sombrero y sé feliz], Word Publishing, Dallas, 1990, 167ff.

7. Proverbios 21.1, Biblia de las Américas.

8. Véase Santiago 1.19.

9. Adaptado de Ken Durham, *Speaking from the Heart* [Hablemos desde el corazón], Sweet Publishing, Fort Worth, 1986, 99.

10. Ibid.

11. Véase Proverbios 16.24.

Capítulo 10 *Somos personas de Pascuas en un mundo de Viernes Santo*

1. Obtenido de *Tell Me Again, Lord, I Forget* [Dímelo otra vez, Señor, me olvido], por Ruth Harms Calkins, Wheaton, Illinois, 1974. Usado con permiso de Tyndale House Publishers, Inc. Derechos reservados.

2. «When I Come to Heaven» [Cuando llegue al cielo], por Beth Stuckwisch, 1984. Usado con permiso de Dicksons, Inc., Seymour, IN.

3. Proverbios 12.25, Versión popular.

4. Juan 16.33, NVI.

5. Myra Brooks Welch, *The Touch of the Master's Hand* [El toque de la mano del Maestro], The Brethren Press, Elgin, Illinois, 1957.

6. Véase Barbara Johnson, *Fresh Elastic for Stretched-Out Moms* [Elástico nuevo para mamás estiradas], Fleming H. Revell Co., Old Tappan, NJ, 1986, 176-77.

¡Otra!... ¡Otra! *Salpiquemos al subir*

1. Robert Hastings, «The Station» [La estación], *A Penny's Worth of Minced Ham* [Jamón picado por valor de un centavo], Southern Illinois University Press, Carbondale, IL, 1986. Usado con permiso del Sr. Hastings.